ÖSTERREICHISCHE AKADEMIE DER WISSENSCHAFTEN
PHILOSOPHISCH-HISTORISCHE KLASSE
SITZUNGSBERICHTE, 595. BAND

VERÖFFENTLICHUNGEN
DER KOMMISSION FÜR MUSIKFORSCHUNG
HERAUSGEGEBEN VON OTHMAR WESSELY†
HEFT 24

RUDOLF STEPHAN

TEUTSCH ANTIPHONAL

Quellen und Studien
zur Geschichte des deutschen Chorals im 15. Jahrhundert
unter besonderer Berücksichtigung
der Gesänge und des Breviers

VERLAG DER
ÖSTERREICHISCHEN AKADEMIE DER WISSENSCHAFTEN
WIEN 1998

Vorgelegt von w. M. Othmar WESSELY † in der Sitzung am 15. Jänner 1986

Gedruckt mit Unterstützung des
Fonds zur Förderung der wissenschaftlichen Forschung

Umschlagentwurf: Hannes Weinberger, ÖAW

INHALT

4

VORWORT (1959)

Die erste Fassung der vorliegenden Arbeit wurde im Herbst 1954 niedergeschrieben. Sie wurde 1956 erweitert und schließlich im Sommer und Herbst 1959 noch einmal umgearbeitet. Anlaß zur Ausarbeitung dieser Schrift war die glückliche Auffindung der Handschrift 2° 152 der Münchner Universitätsbibliothek im Sommer 1953. Bei 1955 betriebenen Liedstudien bemerkte ich dann, daß Josef Kothe in seiner Breslauer germanistischen Dissertation über die deutschen Osterlieder (1939) bereits ein einzelnes Blatt mit verdeutschtem Choral besprochen hatte, ein Hinweis, der aber ebenso unbeachtet geblieben ist wie die Wiener Handschrift 3079, die bisher nur in bibliographischen und bibliotheksgeschichtlichen Werken genannt und beschrieben wurde. Da sowohl in den bekannten musikwissenschaftlichen und liturgiewissenschaftlichen Handbüchern und Enzyklopädien als auch in den gegenwärtigen Kontroversen über die neuesten Experimente in „deutscher Gregorianik" (cf. E. Jammers in der Zeitschrift *Musik und Altar* 3 [1950/51] und 4 [1951/52], W. Lipphardt, O. Brodde und J. G. Mehl in der Zeitschrift *Musik und Kirche* 23–24 [1953/54], U. Bomm und E. Jammers im *Liturgischen Jahrbuch* 1954 und 1956) der deutschen Übersetzung von Choralgesängen aus der Zeit vor der Reformation nicht gedacht wird, schien es angezeigt, zuerst gerade diesen Fragenkomplex zu erörtern und das bisher unbeachtete Material vorzuführen. Bei der Behandlung der mit dem deutschen Choral zusammenhängenden Fragen wurden gelegentlich die frühen protestantischen Übersetzungen zu Vergleichen herangezogen und gelegentlich auch auf Probleme des vorreformatorischen deutschen Kirchenliedes eingegangen. Thomas Müntzers liturgische Schriften, die bisher nur in der schwer zugänglichen Ausgabe von O. J. Mehl (1937) vorliegen, wurden zwar berücksichtigt, aber im Hinblick auf die von Günther Franz geplante Neuausgabe (cf. Thomas Müntzer, *Politische Schriften*, ed. C. Hinrichs, 1950, 102) nicht in allen Details erschlossen. Immerhin erscheint jetzt die liturgische Tätigkeit Müntzers in einem neuen Licht.

Für freundliches Entgegenkommen danke ich besonders den Leitern der Handschriftenabteilung folgender Bibliotheken: der Universitätsbibliothek in München, der Bayerischen Staatsbibliothek in München, der Österreichischen Nationalbibliothek in Wien, der Stadtbibliothek in Augsburg, der Bibliothek der Erzabtei St. Peter in Salzburg und der Herzog-August-Bibliothek in Wolfenbüttel. Durch die Übersendung wertvoller alter Drucke halfen mir die Stadtbibliothek in Nürnberg und die Westdeutsche Bibliothek in Marburg. Besonders fühle ich mich Herrn Dr. Ludwig Denecke, dem langjährigen Leiter der Handschriftenabteilung an der Göttinger Bibliothek verpflichtet. Herr Professor Dr. Alfons Lhotsky (Wien) und Herr Superintendent Dr. O. J. Mehl (Mörtitz bei Leipzig) unterstützten mich durch liebenswürdige Auskünfte.

ERGÄNZUNG ZUM VORWORT (1990)

Der Text wird hier in der Gestalt veröffentlicht, wie er Ende der fünfziger Jahre, also vor mehr als 30 Jahren niedergeschrieben wurde. Im Katalog der Gesänge (und selbstverständlich in der Bibliographie) habe ich allerdings drei Werke nachgetragen, um dem Benutzer entgegenzukommen. Hätte es sie damals schon gegeben, wäre die Arbeit sehr viel leichter gewesen. Es handelt sich um das *Corpus antiphonalium officii* von Dom R.-J. Hesbert (= CAO), die Faksimileausgabe des Passauer Antiphonardruckes von J. Winterburger von 1519 (= Ant. Pat.) sowie die Monographie über die Passauer Breviere von G. H. Karnowka von 1983 (= K.). Vieles wäre noch nachzutragen, die Forschung hat nicht geruht, im Gegenteil, sie hat technische Hilfsmittel und Organisationsformen entwickelt, von denen damals noch nicht einmal zu träumen war. Die Forschung hat sich insbesondere Thomas Müntzers angenommen – vornehmlich freilich unter anderen Gesichtspunkten –, aber es mag immerhin die kritische Gesamtausgabe von seinen Schriften und Briefen, die Günther Franz (unter Mitarbeit von Paul Kirn) 1968 herausgebracht hat, und schließlich die Monographie von Karl Homeyer, *Thomas Müntzer und Martin Luther, ihr Ringen um die Musik des Gottesdienstes*, 1974, die speziell dem *Kirchenamt* Müntzers gilt, genannt werden. Der „deutsche" Choral schließlich hat mittlerweile, als Konsequenz der Ergebnisse des Zweiten Vatikanischen Konzils, ganz neue Bedeutung erlangt.

Die Handschriften, die hier im Zentrum stehen, sind selbstverständlich im seit damals sich lebhaft entfaltenden Forschungsbetrieb ebenfalls nicht unbemerkt geblieben. Die Wiener beschrieb Hermann Menhardt in dem *Verzeichnis der altdeutschen Handschriften der Österreichischen Nationalbibliothek* 2, 1961, 868f., präsentiert wurde sie auf einer Ausstellung *Musik im mittelalterlichen Wien* im Historischen Museum der Stadt Wien 1986/87, in deren Katalog sie, unter Beigabe eines Faksimiles der ersten Seite, knapp gewürdigt wird. Die Münchener Handschrift beschrieb Clytus Gottwald in seinem Katalog *Die Musikhandschriften der Universitätsbibliothek München*, 1968, 4f. Über das deutsche *Missal* (1526), das hier in Kap. XI vorgestellt wird, finden sich Einzelheiten im Vorwort von Theodor Bogler, in dessen Faksimileausgabe des Flurheymschen Missales – *Alle Kirchgesäng vnd Gebeet des gantzen Jars* (1529) –, 1964, 97*–101*. Ich selbst habe auf dem Internationalen Kongreß der Gesellschaft für Musikforschung in Bayreuth 1981 knapp berichtet (*Zur deutschen Choralüberlieferung im Spätmittelalter*, man vgl. den *Kongreßbericht* p. 283 ff.), und dies war die Ursache, daß jetzt, nach so langer Zeit, die Arbeit doch noch ans Licht tritt. Schließlich hat Walter Lipphardt über eine der im Anhang genannten Handschriften im *Jahrbuch für Liturgik und Hymnologie* 11 (1966) 169 f. berichtet.

Die seit vielen Jahren erwartete kritische Ausgabe der alten deutschen Kirchenlieder nach den handschriftlichen Quellen wird gewiß einen Überblick gestatten. Vieles wäre noch nachzutragen. Daß ich die schon vergilbten Papiere nach Jahrzehnten wieder vornahm, verdanke ich einer Anregung von Carl Dahlhaus, der mich bat, auf dem Kongreß in Bayreuth die Sektion „Mittelalter" zu leiten und selbst zu sprechen, Helmuth Hucke, dem das Vorgetragene gefiel, schließlich Andreas Traub, der mir dann selbstlos, wie es seine Art ist, bei der Druckvorbereitung half. Die Korrekturen las Ulrich Krämer. Allen Genannten fühle ich mich verbunden.

Berlin, im August 1990   RUDOLF STEPHAN

BIBLIOGRAPHIE RAISONNÉE

AfMw = *Archiv für Musikwissenschaft*.

Ah = *Analecta hymnica medii aevi*, edd. G. M. Dreves, C. Blume, 1886–1922.

AMH = *Antiphonarium monasticum secundum traditionem Helveticae Congregationis Benedectinae, ad codicum fidem restitutum*, 1943. Dieser von den Mönchen der Abteien Einsiedeln und Engelberg herausgegebene Privatdruck enthält nur die Formulare der Tageshoren und die der Matutinen von Weihnachten, Epiphanias und Pfingsten. Die ersten 328 Seiten sind in beiden Bänden vollkommen identisch. Die Ausgabe ist für uns von großem Wert, da dem Notentext deutsche und schweizerische Handschriften zugrunde liegen. Der Notentext wurde von den beiden Choralforschern P. Ephrem Omlin OSB und Pirmin Vetter OSB (cf. 1, vii) revidiert.

[Ant. Pat. = *Antiphonale Pataviense* (Wien 1519), Faksimile, ed. K. Schlager (Das Erbe deutscher Musik 88) 1985.]

Ar = *Antiphonale Sacrosanctae Romanae Ecclesiae pro diurnis horis*, 1924 (benutzt in der Neuausgabe von 1949). Ein Teil der sog. *Editio Vaticana*, die für alle Weltkirchen des Römischen Ritus verbindlich ist. Der seit langem angekündigte Teil *pro nocturnis horis* ist noch immer nicht erschienen.

W. Bäumker, *Das katholische deutsche Kirchenlied in seinen Singweisen*, 1883–1911. (Der zweite Band dieses Werkes erschien noch unter dem Namen von K. S. Meister, der vierte wurde aus dem Nachlaß Bäumkers von J. Gotzen veröffentlicht.) Das noch immer grundlegende Werk enthält neben den Liedweisen auch die Melodien der nachweisbaren Vorlagen, sowie ausgezeichnete Kommentare und reiche bibliographische Angaben.

E. Bernoulli, *Die Choralnotenschrift bei Hymnen und Sequenzen* (Sammlung musikwissenschaftlicher Arbeiten von deutschen Hochschulen 1) 1898. Diese Dissertation enthält als Anhang zahlreiche Melodien nach Handschriften (vornehmlich der Bayerischen Staatsbibliothek), darunter auch die zu einigen Übersetzungen des Mönchs von Salzburg nach den cgm 715 und 1115.

H. Bohatta, *Bibliographie der Breviere 1500–1850*, 1937.

C. Borchling, *Mittelniederdeutsche Handschriften. Reiseberichte* i–iv. i in den *Nachrichten der kgl. Gesellschaft der Wissenschaften zu Göttingen* 1898, ii–iv als Beihefte zu diesen *Nachrichten*, 1900, 1902 und 1913.

Borchling-Clausen, *Niederdeutsche Bibliographie I (1473–1600)* 1931–1936.

Brev. Linc. = *Brevarium Lincopense es unica editione 1493*, ed. K. Peters, 1950–1958 (Laurentius Petri Sällskapets Urkundsserie 5). Die einzige höheren Ansprüchen genügende vollständige Neuausgabe eines weltkirchlichen mittelalterlichen Breviers. Es enthält die Formulare der schwedischen Diözese Linköping.

10

Brev. Pat. = *Breviarium Pataviense*, 1499 (GW 5428, Exemplar der Herzog-August-Bibliothek in Wolfenbüttel). Das Brevier der Passauer Diözese.

Bulst = *Hymni antiquissimi lxxv, Psalmi iii*, ed. W. Bulst, 1956. Enthält die bis zum Ende des 6. Jahrhunderts nachweisbaren liturgischen Hymnen unter Ausschluß der irischen und mozarabischen Texte.

Cant. = *Cantuale Romano-Seraphicum*, ed. E. Bruning, 3. Aufl. 1951. Ein Choralbuch der Franziskaner, das allerdings nur wenige Gesänge enthält, die nicht in der *Editio Vaticana* oder den Solesmer Ausgaben zu finden sind. Wertvoll ist der *epilogus criticus* des Herausgebers.

[CAO = *Corpus Antiphonalium Officii*, ed. R.–J. Hesbert (Rerum Ecclesiasticarum Documenta, Series Maior, Fontes VII–XII) 1963–1979.]

Chev. = U. Chevalier, *Repertorium hymnologicum*, 1892–1922.

F. Dörnhöffer, *Seelengärtlein (Hortulus animae), Cod. Bibl. Pal. Vind. 2706. Edition und Erläuterungen*, 1911. In dieser prächtigen Ausgabe wird eine Abschrift des beliebten Gebetbuches vorgelegt, deren gedruckte Vorlage sich nicht erhalten hat.

A. Dold, *Die Konstanzer Ritualientexte in ihrer geschichtlichen Entwicklung von 1482–1721* (Liturgiegeschichtliche Quellen 5/6) 1923.

B. Ebel, *Das älteste alemannische Hymnar mit Noten, Cod. 366 (472) in Einsiedeln* (Veröffentlichungen der Gregorianischen Akademie 17) 1931.

R. Ewerhart, *Die Handschrift 322/1944 der Stadtbibliothek Trier als musikalische Quelle* (Kölner Beiträge zur Musikforschung 7) 1955.

F. Gebhardt, *Die musikalischen Grundlagen zu Luthers deutscher Messe*, in: LJb 1928, 56ff.

F. Gennrich, *Grundriß einer Formenlehre des mittelalterlichen Liedes als Grundlage einer musikalischen Formenlehre des Liedes*, 1932.

F. Gennrich, *Liedkontrafaktur in mhd. und ahd. Zeit*, in: ZfdA 82 (1948ff.) 105ff.

F. A. Gevaert, *La Mélopée Antique dans le Chant de l'Eglise Latine*, 1895.

B. Gillitzer, *Die Tegernseer Hymnen des Cgm 858. Beiträge zur Kunde des Bairischen und zur Hymnendichtung des 15. Jahrhunderts*, 1940 (1942). Edition einer kleinen Sammlung von Hymnen- und Cantioübersetzungen, die ohne Noten aufgezeichnet sind.

P. Graff, *Geschichte der Auflösung des alten gottesdienstlichen Formen in der evangelischen Kirche Deutschlands* I: *Bis zum Eintritt der Aufklärung und des Rationalismus*, 2. Aufl. 1937.

GW = *Gesamtverzeichnis der Wiegendrucke*, 1925ff.

(F.) X. Haimerl, *Das Prozessionswesen des Bistums Bamberg im Mittelalter* (Münchener Studien zur historischen Theologie 14) 1937.

F. X. Haimerl, *Mittelalterliche Frömmigkeit im Spiegel der Gebetbuchliteratur Süddeutschlands* (Münchener theologischen Studien, 1. Abt. Bd. 4) 1952.

Hain = L. Hain, *Repertorium bibliographicum . . . .*, 1824–1838.

K. Hain, *Ein musikalischer Palimpsest* (Veröffentlichungen der Gregorianischen Akademie 12) 1925.

J. Handschin, *Gesungene Apologetik*, in: *Miscellanea liturgica in honorem L. C. Mohlberg* II (Bibliotheca „Ephemerides liturgicae" 23) 1949, 75ff. Enthält u. a. eine Untersuchung der bekannten Ostersequenz *Victimae paschali laudes.*

Hb. = *Handbuch der deutschen evangelischen Kirchenmusik* I: *Der Altargesang*, 1. Teil: *Die einstimmigen Weisen*, edd. K. Ameln, Ch. Mahrenholz, W. Thomas, 1933–1940 (1941). Enthält den frühprotestantischen übersetzten Choral. Leider sind die Gesänge Thomas Müntzers nicht alle aufgenommen worden.

O. von Heinemann, *Die Handschriften der Herzoglichen Bibliothek zu Wolfenbüttel*, 1884 ff.

F. A. Hoeynck, *Geschichte der kirchlichen Liturgie des Bisthums Augsburg*, 1889.

H. Hoffmann von Fallersleben, *Geschichte des deutschen Kirchenliedes bis auf Luthers Zeit*, 3. Aufl. 1861.

W. Irtenkauf, *Das Seckauer Cantionarium vom Jahre 1345 (Hs. Graz II. 756)*, in: AfMw 13 (1956) 116 ff.

E. Jammers, *Thomas Müntzers deutsche evangelische Messen*, in: *Archiv für Reformationsgeschichte* 31 (1934) 121 ff.

Jb f. Hymn. = *Jahrbuch für Liturgik und Hymnologie*, 1955 ff.

[K. = G.-H. Karnowka, *Breviarium Passaviense. Das Passauer Brevier im Mittelalter und die Breviere der altbayerischen Kirchenprovinz* (Münchener theologische Studien, II. Systemat. Abt. 44) 1983.]

W. Kämpfer, *Studien zu den gedruckten mittelniederdeutschen Plenarien* (Niederdeutsche Studien 2) 1954.

H. Kätzel, *Musikpflege und Musikerziehung im Reformationsjahrhundert, dargestellt am Beispiel der Stadt Hof* (Veröffentlichungen der Evangelischen Gesellschaft für Liturgieforschung 9) 1957

Kb = Kongreßbericht

J. Klapper, *Das Volksgebet im schlesischen Mittelalter*, in: *Mitteilungen der schlesischen Gesellschaft für Volkskunde* 34 (1934) 85 ff. Enthält den Abdruck einer Anzahl deutscher Gebete nach Breslauer Handschriften.

KmJb = *Kirchenmusikalisches Jahrbuch*.

J. Kothe, *Die deutschen Osterlieder*, Diss. Breslau 1939.

LJb = *Luther-Jahrbuch* (Jahrbuch der Luthergesellschaft).

LR = *Liber Responsorialis pro festis primis classis et Commune Sanctorum juxta ritum monasticum*, 1895. Enthält die wichtigsten Formulare der Matutin nach dem benediktinischen Ritus.

LU = *Liber Usualis, Missae et Officii pro Dominicis et Festis cum Canto Gregoriano ex editione Vaticana adamussim excerpto*, 1947. Eine neuzeitliche Zusammenstellung von Antiphonar und Graduale, ohne die Formulare für die gewöhnlichen Wochentage. Das Buch dient dem Gebrauch in Weltkirchen, nicht, wie so oft zu lesen, dem Gebrauch im Kloster.

M. Luther, *Werke. Kritische Gesamtausgabe*, Weimar (= WA).

J. Maier, *Studien zur Geschichte der Marienantiphon „Salve Regina"*, 1939. Diese musikwissenschaftliche Dissertation schreibt die bekannte Antiphon (wohl mit Recht) dem Reichenauer Dichtermusiker und Gelehrten Hermannus Contractus zu.

C. Marbach, *Carmina Scripturarum*, 1907.

C. Martens, *Die Erfurter evangelischen deutschen Messen 1525–1543*, in: *Mittheilungen des Vereins für die Geschichte und Alterthumskunde von Erfurt* 18 (1896) 93 ff.

F. Maurer, *Studien zur mitteldeutschen Bibelübersetzung vor Luther* (Germanische Bibliothek, 2. Abt. Heft 26) 1929.

O. J. Mehl, *Thomas Müntzer: Deutsche Messe und Kirchenämter*, 1937. Enthält neben Abhandlungen auch eine fast vollständige Ausgabe der Gesänge der Kirchenämter.

Mel. hung. = *Melodiarium hungariae medii aevi* I: *Hymnen und Sequenzen*, ed. B. Rajeczky. Beschreibung der Quellen von P. P. Radó OSB, 1956. Eine reichhaltige Sammlung von Melodien, die keineswegs nur „ungarische" Kompositionen enthält. Die Grundlage der Ausgabe sind alle heute in Ungarn aufbewahrten Handschriften und Frühdrucke, also auch solche deutscher, österreichischer, böhmischer, französischer etc. Provenienz. Da die meisten Quellen erst im späten Mittelalter geschrieben wurden, die Herausgeber der anderen großen Sammelwerke aber fast stets einen möglichst frühen Text bieten, ist diese Ausgabe für uns besonders wertvoll.

W. Meyer, *Gesammelte Abhandlungen zur mittellateinischen Rhythmik* I, 1905 (Reprint 1970).

Mf = *Die Musikforschung*.

MGG = *Die Musik in Geschichte und Gegenwart*, ed. F. Blume, 1949 ff.

G. Milchsack, *Hymni et Sequentiae* I, 1886. Diese Textsammlung konnte bisher nicht richtig ausgewertet werden, da der 2. Band, der die Quellennachweise und den kritischen Apparat bieten sollte, nie erschienen ist.

MIÖG = *Mitteilungen des Instituts für österreichische Geschichtsforschung*.

C. A. Moberg, *Über die schwedischen Sequenzen* (Veröffentlichungen der Gregorianischen Akademie 13) 1927. Enthält als Band 2 eine umfangreiche Sequenzensammlung mit reichem Variantenapparat.

C. A. Moberg, *Die liturgischen Hymnen in Schweden* I, 1947. Enthält viele ausgezeichnete Handschriftenbeschreibungen. Der nicht erschienene 2. Band sollte die Melodien enthalten.

R. Molitor, *Deutsche Choralwiegendrucke*, 1904. Ein grundlegendes, merkwürdig oft übersehenes bibliographisches Werk.

Mon. = *Monumenta monodica medii aevi* I: *Hymnen* (I): *Die mittelalterlichen Hymnenmelodien des Abendlandes*, ed. B. Stäblein, 1956. Die bisher umfangreichste Hymnensammlung – sie enthält 12 vollständige Hymnare – ist leider etwas unpraktisch angelegt. Sie bietet den Notentext und Kommentare, aber keine Lesarten und Varianten. Diese sollen in gesonderten Heften als „Subsidia" erscheinen.

F. J. Mone, *Lateinische Hymnen des Mittelalters*, 1853–1855. Diese Textausgabe ist keineswegs, wie man gelegentlich lesen kann, durch die Ah überholt. Sie enthält vielmehr z. T. sehr wertvolle Kommentare.

H. J. Moser, *Die evangelische Kirchenmusik in Deutschland*, 1954.

Murbach = *Die Murbacher Hymnen*, ed. E. Sievers, 1874.

OMH = *Officium majoris hebdomadae et octavae paschae cum cantu*, 1925. Enthält leider keineswegs alle Gesänge der Kar- und Osterwoche. Es fehlen auch hier die Responsorien und Nocturnantiphonen von Palmsonntag bis Karmittwoch. Enthält aber die Lamentationen.

ON = *Officium in die Nativitas D. N. J. Chr. cum Cantu juxta ordinem Breviarii et Missalis Romani*, ed. C. Weinmann, 3. Aufl. 1930. Großenteils, d. h. mit Ausnahme der Lectionen, in das LU aufgenommen.

Pal. = *Paléographie musicale. Les principeaux Manuscrits de Chant Grégorien, Ambrosien, Mozarabe, Gallican*, publiés en facsimilés phototypiques sous la direction de Dom A. Mocquereau, 1889ff.

Abbé Petit, *Dissertation sur la psalmodie et les autres parties du chant Grégorien dans leurs rapports avec l'Accentuation latine*, 1855.

M. C. Pfleger, *Untersuchungen am deutschen geistlichen Lied des 13. bis 16. Jahrhunderts*, Diss. Berlin 1937. Enthält im Anhang mehrere Lieder und Übersetzungen von Hymnen und Sequenzen.

P. Pietsch, *Ewangely und Epistel Teutsch. Die gedruckten hochdeutschen Perikopenbücher (Plenarien) 1473–1523. Ein Beitrag zur Kenntnis der Wiegendrucke, zur Geschichte des deutschen Schrifttums und der deutschen Sprache, insbesondere der Bibelverdeutschung und der Bibelsprache*, 1927.

PM = *Processionale monasticum ad usum Congregationis Gallicae OSB*, 1893. Enthält zahlreiche Antiphonen und Responsorien.

B. Roth, *Die Seckauer und Vorauer Osterliturgie im Mittelalter* (Seckauer Geschichtliche Studien 4) 1935. Enthält u. a. die Edition mehrerer Formulare der Osternachtsliturgie.

T. Schrems, *Geschichte des gregorianischen Gesanges in den protestantischen Gottesdiensten* (Veröffentlichungen der Gregorianischen Akademie 15) 1930.

E. A. Schuler, *Die Musik der Osterfeiern, Osterspiele und Passionen des Mittelalters*, 1951. Enthält als Hauptteil ein Verzeichnis aller gesungenen Texte der genannten liturgischen Feiern und Spiele. Der geplante Melodieband wird leider nicht mehr erscheinen.

K. Schulz, *Thomas Müntzers liturgische Bestrebungen*, in: *Zeitschrift für Kirchengeschichte* 47 (= Neue Folge 10; 1928) 269ff.

E. Sehling, *Die evangelischen Kirchenordnungen des 16. Jahrhunderts*, 1902ff. Kritische Edition aller erreichbaren Texte.

E. Sievers, cf. Murbach.

SJb = *Schweizerisches Jahrbuch für Musikwissenschaft*, 1924ff.

J. Smend, *Die evangelischen deutschen Messen des 16. Jahrhunderts*, 1896.

B. Stäblein, *Die Tegernseer mensurale Choralschrift aus dem 15. Jahrhundert. Etwas Greifbares zur Rhythmik der mittelalterlichen Monodie*, in: *Kongreßbericht [der] internationalen Gesellschaft für Musikwissenschaft, Utrecht 1952*, 1953.

B. Stäblein, cf. Mon.

R. Stapper, *Die älteste Agende des Bistums Münster*, 1906.

R. Stephan, *Die Lieder der Ebersberger Handschrift, jetzt Clm 6034*, in: *Jb. f. Hymn.* 2 (1956) 98ff.

R. Stephan, *Lied, Tropus und Tanz im Mittelalter*, in: *ZfdA* 87 (1956) 147ff. Enthält nur Mitteilungen aus Handschriften nebst Kommentar.

StzMw = *Studien zur Musikwissenschaft. Beihefte zu den Denkmälern der Tonkunst in Österreich*.

H. Thode, *Der Ring des Frangipani*, 3. Aufl. 1901.

Thomasgraduale = *Das Graduale der St. Thomaskirche zu Leipzig*, ed. P. Wagner (Publikationen älterer Musik 5 und 7) 1930, 1932.

N. Törnqvist, *Cod. Pal. Vind. 2682*, I: *Eine frühmittelalterliche Interlinearversion der Psalmen aus dem ehemaligen Benediktinerstifte Millstadt in Kärnten*, II: *Hymnen und Perikopen* (Lunder germanistische Forschungen 3 und 7) 1934, 1937.

M. Vogeleis, *Quellen und Bausteine zu einer Geschichte der Musik und des Theaters im Elsaß 500–1800*, 1911 (Reprint 1979).

H. Vollmer, *Materialien zur Bibelgeschichte und religiösen Volkskunde des Mittelalters*, 1912 ff. (Seit Band 5, 1931, auch unter dem Titel *Bibel und deutsche Kultur*. Veröffentlichungen des deutschen Bibelarchivs in Hamburg.) Enthält reiche Proben aus Bibelübersetzungen vor Luther.

H. Vollmer, *Die deutsche Bibel*, in: LJb 1934, 27 ff.

H. Vollmer, *Die Bibel im deutschen Kulturleben* (Deutsche Geistesgeschichte in Einzeldarstellungen 3) 1937. Diese Abhandlung erschien unter dem Titel *Die deutsche Bibel in geistesgeschichtlicher Beleuchtung* in der *Zeitschrift für deutsche Geistesgeschichte* 3 (1937) 194 ff. und 4 (1938) 33 ff. (Ich zitiere nur den zweiten Teil der Abhandlung nach der Zs. 4.)

VP = *Variae Preces ex Liturgia tum hodierna tum antiqua collectae aut usu receptae*, 5. Aufl. 1901. Enthält neben sonst schwer zu findenden Gesängen aus der gallikanischen Liturgie Sequenzen, Litaneien und Gesänge des Rituale.

Ph. Wackernagel, *Bibliographie zur Geschichte des deutschen Kirchenliedes im 16. Jahrhundert*, 1855.

Ph. Wackernagel, *Das deutsche Kirchenlied von der ältesten Zeit bis zu Anfang des 17. Jahrhunderts* 2, 1867; 3, 1870.

P. Wagner, cf. Thomasgraduale.

P. Wagner, *Einführung in die gregorianischen Melodien* I, 3. Aufl. 1911; II, 2. Auflage 1912; III, 1921.

P. Wagner, *Das Media vita*, in: SJb 1 (1924) 18 ff.

W. Walther, *Die deutsche Bibelübersetzung des Mittelalters*, 1889–1892.

W. Walther, *Handschriften deutscher Gebetbücher aus dem späteren Mittelalter*, in: *Geschichtliche Studien. A. Hauck zum 70. Geburtstag*, 1916, 183 ff.

J. Weale und H. Bohatta, *Catalogus missalium ritus latini ab anno MCCCCLXXIV impressorum*, 1927.

K. Weinmann, *Hymnarium Parisiense (Codd. Colmar 441, 442)* (Veröffentlichungen der Gregorianischen Akademie 2) 1905.

K. Weinmann, cf. ON.

M. Weiße, *Gesangbuch der Böhmischen Brüder vom Jahre 1531 (Ein New Gesengbuchlein MDXXXI)*, ed. W. Thomas, 1931.

E. Weller, *Repertorium typographicum*, 1864–1865.

F. Wiechert, *Thomas Müntzers Kirchenämter und die liturgische Tradition*, cf. Mehl, 67 ff.

J. Wolf, *Handbuch der Notationskunde* I (Kleine Handbücher der Musikgeschichte nach Gattungen 8) 1913.

J. Wolf, *Luther und die musikalische Liturgie des evangelischen Hauptgottesdienstes*, in: *Sammelbände der Internationalen Musikgesellschaft* 3 (1902) 647 ff.

J. Zahn, *Die Melodien der deutschen evangelischen Kirchenlieder*, 1888–1893.

E. Zimmermann, *Die deutsche Bibel im religiösen Leben des Spätmittelalters*, in: Vollmers *Materialien* 13, 1938, 1 ff.

ZfdA = *Zeitschrift für deutsches Altertum und deutsche Literatur*.

ZfMw = *Zeitschrift für Musikwissenschaft*, 1918–1935.

I.

Die Österreichische Nationalbibliothek besitzt unter der Signatur Cod. Pal. Vind. 3079 eine Papierhandschrift in folio, die aus der Hinterlassenschaft Kaiser Friedrichs III. stammt. Auf dem ersten gezählten Blatt dieser Handschrift hat der Kaiser sein Symbol, das „*A.E.I.O.V*" (dazu A. Lhotsky, MIÖG 60 [1952] 155 ff.), nebst der Jahreszahl 1477 eingetragen. In den neueren Zusammenstellungen der Bücher Friedrichs III. ist auch stets diese Handschrift genannt, so bei Th. Gottlieb, *Die Ambraser Hss.* 1, 1900, 22 und bei A. Lhotsky, MIÖG 58 (1950) 130. Auf welche Weise der Kaiser in den Besitz dieser Handschrift kam, ist unbekannt. Lhotsky denkt (MIÖG 58, 132) an eine Widmung, spricht aber an anderer Stelle (MIÖG 59 [1951] 155) von einer Schenkung. Indessen ist anzunehmen, daß die Handschrift auf Bestellung Friedrichs III. geschrieben wurde, denn der Kaiser hat seine „magischen" Vokale noch in dem gleichen Jahr, in dem die Handschrift geschrieben wurde, eingetragen. Wann der Codex geschrieben wurde, ist aus den Notizen zu entnehmen, die der Schreiber, ein nicht weiter feststellbarer Erasmus Werbener aus Delitzsch bei Meißen, am Ende der beiden Faszikel eingetragen hat. Fol. 164', also am Ende des Psalterteils, schreibt Erasmus, daß er ihn am Samstag nach Tiburtius und Valerian, also in der Mitte des Monats April, abgeschlossen habe; am Ende des Codex war der Schreiber am Tage der „*feria sexta ante Ascensionis Domini anno 1477*", also wenige Wochen später, angelangt.

Der Cod. Pal. Vind. 3079 (= W) ist eine Papierhandschrift von 281 gezählten Blättern in 2° (29 × 19,5 cm). Er wurde zuerst von M. Denis, *Cod. mss. theol. Bibl. Pal. Vind....* I/3, 1795, col. 3094–3096, sowie von H. Hoffmann von Fallersleben, *Verz. d. altdt. Hss....zu Wien*, 1841, 295 ausführlich beschrieben, ferner in den *Tab. cod. mss.... in Bibl. Pal. Vind.* 2, 1868 kurz angezeigt. Hier seien nur Ergänzungen zu den Beschreibungen von Denis und Hoffmann mitgeteilt. Die Handschrift besteht aus drei Faszikeln, die jeweils mit einer neuen Lage beginnen. Die Schrift ist eine bayerisch-österreichische Bastarda, die Notenschrift eine für Österreich und Böhmen charakteristische „gotische" Choralnotation (s. u.).

Fasz. I, fol. 1–164, enthält das verdeutschte Psalterium des Breviers, also die Formulare für die gewöhnlichen Sonn- und Feiertage, nebst den dazugehörigen Antiphonen, Invitatorien, Cantica etc. Da die Reihenfolge der Psalmen der Bibel folgt, sind die Formulare der nächtlichen und kleinen Horen von denen der Vespern getrennt. Von fol. 1–117′ reichen die Formulare der Nocturnen, der Laudes mit den angehängten Bemerkungen über die kleinen Horen, fol. 118–152 folgen die Vesperformulare, fol. 152–164 schließlich die Cantica. Die Rubriken, die Initialen am Anfang der einzelnen Gesangsstücke sowie die Notenlinien sind rot geschrieben. Alle Antiphonen und Invitatorien stehen unter Noten, wobei die zu den Invitatorien gehörende Psalmodie in der Regel (nicht immer) fehlt. Von den Antiphonen wird zunächst der Anfang (mit Noten) ausgeschrieben; darauf folgt in der Regel, also nicht immer, das übliche „euouae" zur Bezeichnung der Differenzen. Von den folgenden Psalmen steht stets der erste Vers ebenfalls unter Noten. Nach den Psalmen folgt dann die ganze Antiphon unter Noten. Am Ende jeder einzelnen Nocturn stehen, selbstverständlich alles ohne Noten, teils ausgeschrieben, teils nur angedeutet Versikel, *Kyrie*, *Pater noster*, Oratio und Benedictionen. Auf fol. 164′ findet sich folgende Notiz des Schreibers: „*Das puch hatt geschrieben Asmus werbener von delizsch das da leit in meissen*[.] *Nach Christi geburd vierczehunndert darnach jn dem Syben vnd sybenczigisten Jare am Sambstag Nach Tybucii vnd Veleriani:*". Fol. 165–167′ sind leer.

Fasz. II, fol. 168ff., enthält den *Liber Hymnorum*. Alle Strophen eines jeden Hymnus stehen vollständig unter Noten, selbst dann, wenn, wie am Ende dieses Faszikels (fol. 243′ff.), mehreren Hymnen die gleiche Melodie zugehört. In diesem Teil hat sich eine als Hymnus gesungene Sequenz (Nr. 7), die Übersetzung von „*Cantemus cuncti melodum*", verirrt (fol. 175′ff.). Fol. 254′–257 sind leer.

Fasz. III. Fol. 258–281′ stehen die verschiedenen Melodien zum Invitatoriumspsalm (Ps. xciv), nicht aber, wie Denis l. c. col. 3095 meinte, die Invitatorien. Dieser Faszikel hat offenbar eine nur lose Beziehung zum Hauptteil der Handschrift, dem I. Faszikel, da dort fol. 24–26 und 40′–42 die für die Werktage üblichen Melodien der Invitatorialpsalmodie notiert sind. Nur die zweite im III. Faszikel notierte Melodie ergänzt ein Invitatorium des Hauptteils, und zwar das für den Sonntag, das erste Gesangsstück der Handschrift.

In der wissenschaftlichen Literatur erscheint die Handschrift, außer in den genannten Katalogen, nur in den großen Werken, die der Geschichte der Bibelübersetzung vor Luther gewidmet sind. Wilhelm

Walther, *Die dt. Bibelübersetzung des Mittelalters*, 1889–1892, hat sie col. 632f. mit dem cgm 363 und einer (mir unbekannten) Handschrift in Leningrad zusammen als *23. Psalter* angeführt, der Münchener Handschrift aber, wegen ihres höheren Alters, bei der Mitteilung von Übersetzungsproben aus Ps. i, xv und lxvii col. 574–582, Vorrang eingeräumt. (Der cgm 363 gehörte bereits 1457 der Zisterzienserabtei Fürstenfeld bei Bruck in der Diözese Freising, einem Tochterkloster der Abtei Alderbach in der Diözese Passau.) Walther bemerkt zu dem Text dieser Handschriften-Gruppe col. 633: „*Ob wir das Recht hatten, diese Recension als eine besondere zu zählen, oder ob sie eine Kompilation aus mehreren Übersetzungen ist, wagen wir nicht zu entscheiden. Jedenfalls ist es keine besondere Leistung.*" Aus dieser Notiz können wir schließen, daß die Übersetzung wahrscheinlich noch älter ist, also mindestens in die erste Hälfte des 15. Jahrhunderts zurückreicht. Hans Vollmer hat in den Tabellen seiner *Materialien zur Bibelgeschichte* ... 6, 1932 und 7, 1933 die Übersetzungen des ganzen 6. und 101. Psalms aus der Münchener Handschrift mitgeteilt und die Wiener Handschrift nur in den Handschriftenverzeichnissen erwähnt. (Über die Geschichte des cgm 363, der über keinerlei musikalische Noten verfügt, ist leider nichts mehr in Erfahrung zu bringen.) Indessen darf schon jetzt als sicher gelten, daß Erasmus Werbener nur der Schreiber des Textes der Wiener Handschrift war, nicht aber dessen Übersetzer.

II.

Der bisher ganz unbeachtet gebliebene Codex 2 ° 152 der Münchener Universitätsbibliothek ist von demselben, hier allerdings anonymen Schreiber geschrieben wie die Handschrift W. Die Ausstattung beider Handschriften ist fast ganz gleichartig. Die Handschrift 2 ° 152 (= M), ein deutsches Antiphonar, ist eine Papierhandschrift von 95 Blättern (28,6 × 19 cm). Sie besteht aus zwei deutlich voneinander geschiedenen Faszikeln. Der erste enthält das Antiphonar und besteht aus sechs Lagen zu je sechs Bogen. Auf der Rectoseite der Blätter steht bei ihrem ersten Erscheinen im Codex A I, A II etc., bei der zweiten Lage B I, B II etc. Auf diese Weise ist die Handschrift durchsigniert, wobei auf den ersten Faszikel die Nummern A I bis G VI entfallen. Der zweite Faszikel, vom ersten durch ein leeres und ganz unbezeichnetes Einzelblatt getrennt, besteht aus zwei Lagen und drei dazwischenliegenden Einzelblättern. Die erste Lage dieses zweiten Faszikels besteht aus fünf Doppelblättern (H I bis H V), die zweite, nach den eingelegten Einzelblättern beginnende Lage aus vier Doppelblättern (I I bis I IV). Dieser Faszikel enthält das zum Antiphonar gehörige Brevier, also neben den Gesangstexten auch sämtliche Lesungen und Gebete. Es handelt sich hier also, da nur ausgewählte Formulare mitgeteilt werden, um ein Teilbrevier.

Die Handschrift ist wie W zweifarbig geschrieben, rot und schwarz. Die Notenschrift ist eine „gotische" Choralnotation typisch österreichisch-böhmischer Prägung und verwendet als Einzelnote grundsätzlich die Rhombe. Hier eine Übersicht über die einzelnen Zeichen: ♦ Punctum, ♦↑ Podatus, ↕ Clivis, ♦↑ Scandicus, ♦↑ Salicus, ↑♦ Climacus, ↑♦ seltenere Form des Climacus, ♪ Torculus und ↑♦↑ Porrectus.

Dem ersten Faszikel der Handschrift geht ein nicht foliiertes Schmutzblatt und eine Art Titelblatt voran, das aber keinen Titel enthält, sondern durch aufgeklebte gedruckte Ornamente verziert ist. Auf diesem Blatt befindet sich, wie auch auf dem Einband, ein handschriftlicher Besitzvermerk der alten Universitätsbibliothek von Ingolstadt: *„Biblioth. Academ. Jngolstd. J. D. S. 1752"*, auf fol. 1 der Handschrift ein Stempel der Universitätsbibliothek von Landshut: *„Ad*

Bibl. Acad. Land.". Die Handschrift ist in eine Urkunde des 16. Jahrhunderts eingebunden. Auf dem Rücken steht: „*Teutsch‖Anti‖phonal*" und darunter eine alte Signatur: „*Z‖425*". Beim Einbinden wurde die Handschrift am oberen Rand leider so stark beschnitten, daß der Gesamteindruck des Schriftbildes wesentlich beeinträchtigt ist. Gelegentlich wurden auch die Verzierungen der Buchstaben der obersten Textzeile (vor allem im Brevierteil) beschnitten, fol. 67, am Anfang des Hymnenteils, sogar die ganze Rubrik weggeschnitten.

III.

Ob die beiden Handschriften W und M unmittelbar zusammengehörten, kann leider nicht mehr ermittelt werden. Zwar ergänzen sie sich ausgezeichnet – die Handschrift W bietet den Psalter nebst den Gesängen für die gewöhnlichen Sonn- und Wochentage, ein umfangreiches Hymnar und die Invitatorialpsalmodie, M das Officium für die wichtigsten Herren- und Marienfeste, das zu diesen Festen gehörige kleine Hymnar sowie die wichtigste Marienantiphon, das *Salve Regina* – aber sie überschneiden sich doch etwas, denn das kleine Hymnar von M ist in dem großen von W vollständig enthalten. Über die Geschichte der Handschrift M läßt sich heute nichts mehr beibringen, da die Münchener Universitätsbibliothek alle alten Kataloge und Aufzeichnungen im letzten Krieg verloren hat. Wie die Handschrift in die Ingolstädter Bibliothek kam, ist unbekannt.

IV.

„*Albrechts* [IV.] *Gemahlin, eine Tochter Kaiser Friedrichs III.,
brachte mit anderen Schätzen die beiden prachtvollen deutschen Breviarien
mit* [nach München], *die vorne Wappen und Bildnis ihrer Eltern und
Geschwister zieren*" (E. Petzet, *Germ.-Rom. Monatsschrift* 3 [1911] 29).
Diese beiden Handschriften, die cgm 67 und 68, hat Petzet dann im *Cat.
Cod. Mss. Bibl. Mon.* 5/1, 2. Aufl. 1920, 110ff. beschrieben, ohne indessen die Identität der Textrezension von cgm 68 mit cgm 363 zu bemerken. Diese Identität entging auch Walther, der in seiner Abhandlung
über *Handschriftliche Gebetbücher aus dem späteren Mittelalter* (*Hauck-
Festschrift* 1916, 185f.) schrieb: „*Wollte man den Laien am Gebet des
Klerus teilnehmen lassen, so lag es nahe, ihnen nicht nur den Psalter,
sondern auch das, was das Brevier diesem hinzugefügt hatte, zugänglich zu
machen. Der umfangreichen Arbeit, das ganze Brevier zu verdeutschen,
unterzog man sich nur in besonderen Fällen, wie in der über 700 Blätter
zählenden, für die Familie Kaiser Friedrichs III. bestimmten Handschrift
vom Jahre 1480 in München cgm 67. 68.*" Obwohl die cgm 67 und 68 in
ihrer Ausstattung ähnlich sind und sie sich auch inhaltlich ergänzen –
cgm 67 entspricht dem Winterteil, cgm 68 dem Sommerteil des Breviers
–, so repräsentieren sie doch verschiedene Textrezensionen und gehen
also auf verschiedene Vorlagen zurück. Außerdem sind sie, was bisher
übersehen wurde, von verschiedenen Schreibern in verschiedener
Schrift geschrieben: cgm 67 in Textura, cgm 68 in Bastarda. Der Sommerteil ist in der Tat ein übersetztes Brevier mit den gewöhnlichen,
kurzen Rubriken; der Winterteil dagegen weist derartig ausführliche
Rubriken auf, daß sie nicht selten den Text überwuchern (z. B. fol.
35'–38'). Da sie selbst erbaulich sein wollen, der Text also nicht genau
dem des Breviers entspricht, erscheint das Ganze als ein Gebetbuch, das
zur Lektüre beim Breviergebet bestimmt war.

Um die Zusammengehörigkeit des cgm 68 mit den Werbener-Hand-
schriften zu beweisen, seien hier die Texte verschiedener Gesangsstücke
einander gegenübergestellt. Aus dem Pfingstformular: die 1. Antiphon
der I. Vesper:

M fol. 27 f. *„Chum heiliger geist erfull die herczenn deiner gelawbigen vnd enczund in ynn das fewr deiner lieb der durich die menig aller czungenn pesambt hast das volckh: in ainigung des glawbenn alleluia alleluia.“*

Cgm 68 fol. 3. *„Chum heiliger geist erfull die hercz deiner gelaubigen vnd erczundt in In das fewr deiner lieb der durich die menig deiner czungen pesambt hast die geslecht in ainigung des glauben alleluia alleluia.“*

Aus dem gleichen Formular das 1. Responsorium der Matutin:

M. fol. 28′ f. *„So erfult warn die täg der phingsten redten sie all mit einander alleluia. Vnd pald kam ein hall von himell alleluia vnd als ein swinder wint erfült er das gancz haws alleluia alleluia.“*

Cgm 68 fol. 5. *„So erfull wurden die teg der phingsten redten sy all mit einander alleluia. Vnd als pald kom ein hal von himel alleluia. Vnd als ein swinder winnt erfullt er das gancz haus alleluia alleluia.“*

Aus dem Fronleichnamsformular (die Texte aus der Handschrift M stehen unten im VI. Abschnitt in der linken Spalte unter den Noten):

Invitatorium (cgm 68 fol. 31′ ff.) *„Pit wir an christum den kunig der herrscht allen geslechten. Er gibt sich den die In essen ein faistigkait des geists.“*

(1.) Ant. *„Von der frucht des traids sind gemert die glaubigen vnd sy haben geruet in dem frid christi.“*

(2.) Ant. *„Ein hailsame frucht zu kossten hat geben der herr zu der zeit seines tods.“*

(3.) Ant. *„Mit der austailung seines kelichs in dem man got wärleich emphecht vnd nicht durch das pluet der kelber hat vns der herr pesambt.“*

Versikel: *„Er hat In geben das himelprat alleluia, Das prat der Engel hat geessen der mensch.“*

(1.) Resp. *„Die menig des volks israhel wirt opphern ein wider zu der osterleichen vesper. Vnd sy werden essen fleich vnd vngeurhabts prat.“*

Vers. *„Aber zu vnsern ostern ist geopphert christus dauon ess wir in derben der gutikait vnd warhait.“*

Um weitere Vergleiche zu ermöglichen, sei noch mitgeteilt, daß im cgm 68 das Pfingstformular die fol. 3–8, das Fronleichnamsformular die fol. 29′–39′, das Formular von Mariä Himmelfahrt (Tod) die fol. 274–282 und das zu Mariä Geburt die fol. 291–298 füllt.

Der cgm 67 ist, wie gesagt, von einem anderen Schreiber als der cgm 68 geschrieben und von dem Text der deutschen Antiphonarien unabhängig. Wir stellen hier die drei ersten Antiphonen der Weihnachtsvigil einander gegenüber.

M fol. 1, (1.) Ant. *„Ivdea vnd ierusalem furicht euch nicht margen geet aus so ist der Herr pey euch alleluia.“*
(2.) Ant. *„Das Haill der welt wirt aufgeen als die sunn vnd wirt herab steigenn in den pauch der iunckfraw als der regen auff das gras alleluia.“*
(3.) Ant. *„So die sunn wirt auff geen von hymell so wert ir sehen den künig aller künig der ausgeet von dem vater als ein prewtigam aus sein sall.“*
Cgm 67 fol. 52′ f. (1.) Ant. *„Judea vnd iherusalem ir sult euch nicht fürchten morgen wert ir aus geen vnd der herr wirt sein mit euch Alleluia.“*
(2.) Ant. *„Entspringen wirt als die sunn vnser hailant vnd wirt absteigen in den pauch der iunkfrawn als der regen auf das gras Alleluia.“*
(3.) Ant. *„Wann entspringen wirt die sunn von himel so wert ir sehen den kunig der kunig fürgeund und van dem vater als ain praitigan von seinen prutpet.“*

Aus diesen Gegenüberstellungen dürfte mit genügender Deutlichkeit hervorgehen, daß der cgm 67 nicht zu der Gruppe der deutschen Antiphonarien gehört. Auf welchen Vorlagen der Text des cgm 67 basiert, konnte ich nicht feststellen.

V.

Auf fol. 8' der Handschrift M heißt es zwischen den Formularen der dritten Nocturn und der Laudes an Weihnachten: „*Darnach hebt die Chantrin das Officium zw der mess an.*" In W vollends sind Hinweise auf die „*Chantrin*" oder die „*Singerin*" sogar zahlreicher vorhanden (z. B. fol. 1, 10, 18', 19', 38' etc.), woraus wir entnehmen können, daß die beiden Handschriften, resp. ihre Vorlagen, für ein Nonnenkloster, und zwar für ein Nonnenkloster, das den weltkirchlichen Ritus befolgte, geschrieben wurden. Daraus folgt wiederum, daß die Übersetzung des Breviers nicht, wie W. Walther meinte, eigens für den Kaiser Friedrich hergestellt wurde.

Als Vorlage für die Brevierübersetzung der Handschriften W, M, cgm 68 und 363 diente das Brevier der Passauer Diözese. Ich habe aus diesem Grund alle Formulare der beiden Antiphonarien im gedruckten Passauer Brevier von 1499 nachgewiesen. W fol. 213 heißt die Rubrik zum Hymnus Nr. 34 „*In inuentione sancti Stephani summum festum*", was nur sinnvoll ist, wenn dieses Fest überhaupt gefeiert wurde. Das war nur im Passauer Sprengel der Fall, in dem der Hl. Protomartyr als Diözesanheiliger verehrt wurde und so dieses Fest, das meist überhaupt nicht gefeiert wurde, ein Fest des höchsten Ranges war. (Es ist nicht zu verwechseln mit dem Stephanstag, dem 26. Dezember, dessen Hymnus als Nr. 5 der Handschrift W rubriziert ist.) Von großer Bedeutung für die Bestimmung der Vorlagen der deutschen Antiphonarien sind die Übereinstimmungen mit dem Passauer Brevier an den besonders auffälligen Stellen, etwa dem 9. Responsorium der Weihnachtsmatutin mit den zwei verschiedenen Versen und dem seltenen Tropus, oder der merkwürdigen, als Hymnus rubrizierten Sequenz (Hymnus Nr. 7). Indessen sei nicht verschwiegen, daß manche Gesänge der deutschen Antiphonarien in den Passauer Brevieren nicht nachweisbar sind, etwa die 2. Antiphon der 1. Nocturn an gewöhnlichen Dienstagen, die Antiphon I der Laudes an gewöhnlichen Freitagen, das Invitatorium des Formulars von Mariä Geburt und die Hymnen Nr. 33 und 40. Auf derartige Nichtübereinstimmung wird in den folgenden Listen stets extra hingewiesen. Sie haben ihre Ursache wahrscheinlich in dem höheren Alter der Übersetzungsvorlage. Immerhin ist die Übersetzung schon um die Mitte des 15. Jahrhunderts durch den cgm 363 bezeugt, aber wahrscheinlich ist sie noch weit älter.

Vielleicht reicht sie sogar noch in die Zeit zurück, in der der noch immer so wenig greifbare Mönch von Salzburg Hymnen- und Sequenzen-Übersetzungen anfertigte, Übersetzungen freilich, die weit besser sind als die unseres Anonymus.

VI.

Die Österreichische Nationalbibliothek besitzt unter der Signatur Cod. Ser. Nov. 3836 ein einzelnes Pergamentblatt des 15. Jahrhunderts, das früher als Bucheinband diente. Es ist der letzte Rest eines schönen deutschsprachigen Antiphonars wohl ebenfalls österreichischer Herkunft. Josef Kothe hat auf dieses Blatt in seiner Breslauer Dissertation *Die deutschen Osterlieder*, 1939, 20 hingewiesen und den Text im Anhang S. 129f. zeilengetreu diplomatisch abgedruckt. Die Handschrift, schon durch das verwendete Material vor den anderen deutschsprachigen Antiphonarien ausgezeichnet, ist inhaltlich ganz unabhängig von allen bisher besprochenen Handschriften. Da nur mehr wenig von dieser Handschrift vorhanden ist, drucke ich das ganze Fragment ab, füge Abteilungsstriche und die fehlenden Rubriken, letztere in Klammern, bei. Leider kann über die Geschichte auch dieses Einzelblattes heute nichts mehr ausgemacht werden, da in Wien nicht mehr bekannt ist, von welchem Buch, Druck oder Handschrift, das Blatt abgelöst wurde oder auf welche Weise es sonst erworben wurde. Die Schrift ist jedenfalls weit schöner und kräftiger als die der beiden anderen Antiphonarien, die Notenschrift weicht -ebenfalls nicht grundsätzlich von der besprochenen Form ab. Allerdings verfügt sie, wie übrigens viele Handschriften dieser Zeit, namentlich aus Böhmen, über das Bipunktum ◆◗, dessen zweites Zeichen aus den alten Liqueszenzzeichen hervorgegangen ist, ohne daß es selbst noch eine Liqueszenz anzeigt.

Die folgende Gegenüberstellung zeigt, daß beide Übersetzungen voneinander unabhängig sind und wohl auf dem gleichen Niveau stehen. Ist das Fragment auch noch so unscheinbar, so zeigt es uns doch, daß es sich bei der Übersetzung des Antiphonars nicht um eine vereinzelte, wenig bedeutsame Ausnahmeerscheinung handelte, sondern daß an verschiedenen Stellen, unabhängig voneinander derartige Übersetzungen hergestellt wurden.

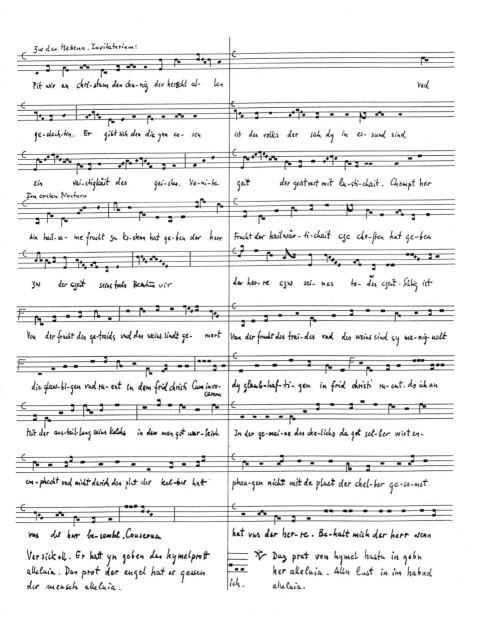

R. Die me-nig des volcks ys-ra-hek wirt op-phern ein wy-

[R.] Es wirt op-phern ein chyez de ge-mai-ne der ku-ne is-

der czw der ö-ster- lei-chen czeit. Vnd sie wer-den

ra- hel czw der ve- sper o- stern vnd wer- dent

es-senn fleisch vnd vn-ge- vr-habts prot. [V.] A-ber

es-sen fleisch vnd en vr- hab prat. [V] Vn-ser

czw vn-sern ö-stern ist ge- op-phert chri-stus da von es

gang der o-stern ge-op- phert ist christus el-so wir auch

wir in der- ben der gue-tig- keit vid war-hait

es-sen im prat en vr-hab der laut-ter vnd der

Vnd [2.R.] Ir wart es-sen fleisch

war-hait. Vnd wordent. [2.R.] Ir wert es- sen

vnd wirt ge-sat mit prot. Das ist das prot

fleisch vnd wirt ge- satt des

das euch ge-ben hat der herr czw es-

pra- ter. Das ist daz prat das vns ga-be der

senn [V.] Mo-y-ses hat euch nicht

herr cze nücz [Ende des Fragments]

ge-ben das prot von hy-mel a- ber mein va-ter wirt euch

ge-ben das war prat von hy- mel. Das

VII.

Wenn auch bisher nur deutsche Antiphonarien österreichischer Provenienz bekannt geworden sind, so war doch die Neigung zur Brevierübersetzung im ganzen deutschen Sprachgebiet verbreitet. Die Zahl der Brevierübersetzungen ist somit auch, entgegen der Annahme von W. Walther (s. o.) und P. Pietsch (*Ewangely und Epistel Teutsch*, 1927, x) recht groß. Bisher sind mindestens 50 handschriftliche deutsche Breviere des 14. und 15. Jahrhunderts bekannt geworden, ohne daß damit der Bestand auch nur einigermaßen vollständig erfaßt wäre. Nachweise dieser Art sind durch die leider meist ungenauen Angaben in den einschlägigen Handschriftenkatalogen – zwischen Psalter, Brevier, Gebetbuch, Erbauungsbuch, Preces et Hymni etc. wird kaum jemals korrekt unterschieden – außerordentlich erschwert.

Das Eindringen der Volkssprache in die Breviere im späteren Mittelalter ist aber schon jetzt einigermaßen gut zu verfolgen. Im regulierten Chorfrauenstift von Klosterneuburg weisen schon im 14. Jahrhundert mehrere Hymnare, die ja ebenfalls Brevierteile sind, deutsche Rubriken auf (cf. B. Stäblein in Mon. I, 566 und den Abdruck einiger Rubriken 210 ff.), bei den Salzburger Petersfrauen findet man deutsche Rubriken in Direktorien und Brevierauszügen (Salzburg, St. Peter Cod. b I 21 und b II 4), und in dem einst dem Mülhäuser Clarissinnenkloster gehörigen Brevier (Winterteil) der Stadtbibliothek Mülhausen im Elsaß Ms. 1 findet man neben deutschen Rubriken auch deutsche Miniaturinschriften. Charakteristisch ist die von J. Wagner im *Bull. du musée hist. de Mulhouse* 50 (1930) 27 ff. (cf. V. Léroquais, *Les Bréviaires...* 2, 1934, 273 ff.) mitgeteilte Notiz: „*Ich hab sü* [die Rubriken!] *dorumb och tüsch geschriben, der die vorder nüt vorstot, der nem die nachgondeten.*" Besonders ausführliche Rubriken enthält schließlich auch das österreichische Antiphonar, Cod. Vind. Pal. 1931.

Im Wolfenbütteler Codex helmst. 1220, einem lateinischen Psalter aus der Zeit um 1400, sind ebenfalls deutsche, in diesem Fall mittelniederdeutsche Rubriken zu finden, die neben einer Inhaltsangabe der einzelnen Psalmen auch Anweisungen zur Verwendung in der Liturgie des Stundengebets enthalten. Leider ist die Provenienz der Handschrift unbekannt, aber sie stammt nach Ausweis der eingeschriebenen Frauennamen ebenfalls aus einem Nonnenkloster. Ein von C. Borchling (*Reiseberichte* 4, 114) bekanntgemachtes Brevierfragment der Landes- und Stadtbibliothek in Düsseldorf (o. Sign.) mit teilweise deutschen Rubriken in niederrheinischer Mundart ist bereits im 13. Jahrhundert geschrieben worden und verdient wegen seines hohen Alters Beachtung.

Bei all diesen Dokumenten handelt es sich um Parallelerscheinungen zu den Direktorien und Regelbüchern, die ja seit dem 13. Jahrhundert, soweit sie für Nonnenklöster bestimmt waren, fast ausschließlich in deutscher Sprache abgefaßt wurden. In den genannten Handschriften ist der liturgische Text stets lateinisch, nur die Anweisungen zum richtigen Verhalten beim Gottesdienst und zum Verständnis der liturgischen Handlung waren in die Landessprache übersetzt. Von den übersetzten Direktorien, Ordensregeln und Regelbüchern zur Übersetzung der Rubriken war es nur ein Schritt.

Die Entwicklung der Brevierübersetzung innerhalb eines einzelnen Klosters ist nur selten so deutlich sichtbar wie in Wöltingerode in der Diözese Hildesheim. Die Übersetzungstätigkeit der Nonnen setzte bereits im 13. Jahrhundert ein, ergriff aber nicht gleich das ganze Brevier. Man stellte hier zunächst jahreszeitlich begrenzte oder sogar nur auf ein einziges Fest beschränkte Teilbreviere zusammen und verdeutschte daraus zunächst nur einige Gebete. Zu den ältesten Codices dieser Art gehören der Helmstad. 1417 (cf. Borchling l. c. 3, 93), ein Sommerteil der sich nur auf die Hauptfeste beschränkt, sowie der Helmstad. 1340 (Borchling l. c. 3, 89), ein Weihnachts- und Osterbrevier. Beide Handschriften gehören, wie auch der Helmstad. 1321, noch dem 13. Jahrhundert an. Die in ihnen ausgeprägte Form des lateinisch-niederdeutschen Mischbreviers wurde in diesem Kloster offenbar niemals zugunsten des vollständig verdeutschten Breviers aufgegeben. Allerdings kam es bei dieser Übersetzungsart zu einer wohl für dieses Kloster charakteristischen lateinisch-niederdeutschen Mischsprache – ihrer bedienten sich die Nonnen auch in Andachtsbüchern (cf. Borchling l. c. 3, 164) –, aber auch zu selbständigen niederdeutschen Teilen innerhalb des lateinischen Breviers. Vom lateinischen Brevier hat man sich auch hier natürlich niemals ganz getrennt, denn noch im 14. und 15. Jahrhundert wurden hier lateinische Breviere geschrieben, die Cod. helmst. 1111 und 1351, beide noch im 14. Jahrhundert geschrieben, sowie die Cod. helmst. 1177 und 1354, die dem 15. Jahrhundert angehören. An eine liturgische Verwendung der Mischbreviere beiderlei Gestalt darf also wohl kaum gedacht werden.

Selbstverständlich gab es auch in Norddeutschland vollständig übersetzte Breviere, etwa in Steterburg in der Diözese Hildesheim und in Marienberg bei Helmstedt (Cod. Guelf. helmst. 1137, saec. xv, und 1152, saec. xiv/xv).

VIII.

Aus der Frühzeit des Buchdrucks sind bisher zwei deutsche Brevierdrucke nachgewiesen worden: *Die Ordnung des Psalters nach gewohnhait
römischer Kirchen* . . . , Venedig 1518 (Bohatta 63) und ein Augsburger
Druck von 1535 (Bohatta 105). Der genaue Titel des jüngeren Druckes
lautet:

Teutsch Rȯmisch Bre = ‖uier vast nutzlich vnd trostlich.‖Nåmlich
den klosterfrawen/die nach dem la = ‖teinischen Rȯmischen breuier/
als die cla = ‖risserin vn̄ ander/jre tagzeit bezalen.‖
Auch die priesterschafft weltlich vnd ordenßleut/die‖Rȯmisch breuier brauchen/so yetlicher ding der ‖Collectē/Capitel/Responsen/
Antiphen/‖vn̄ der gleich/gůte verteutschung auch‖zu gotswort
dienstlich/begertē.‖Nit weniger andechtigen personen so etwann‖ge-
funden werden/die solich tagzeit‖begern zůsprechen.‖
Mit ainen Claren directorion/das ist/vnter = ‖richt/das lernet jhn
diesem breuier‖ain yedlichs ainfåltigs/‖nach Romischer‖ordnung
zů‖petten.

Der Titel dieses Druckes ist insofern interessant, als er deutlich
zeigt, wer als Benutzer eines solchen Breviers in Frage kommt. Der
Herausgeber denkt in erster Linie an Nonnen, die dem römischen Ritus
anhängen, in zweiter Linie an Weltpriester und Mönche und schließlich
auch an Laien, die den Ritus befolgen wollen, sei es nun, daß sie in der
Kirche beim Gottesdienst mitbeten, sei es, daß sie das Stundengebet in
der Stille verrichten wollen. Man sollte eigentlich denken, daß dieser
Personenkreis so weit war, daß er einen Erfolg der Drucke garantierte,
zumal doch schon im 15. Jahrhundert ein übersetztes Psalterium zu
jeder süddeutschen Adelsbibliothek gehörte (cf. A. Czerny, *Die Bibl. d.
Chorherrenstiftes St. Florian*, 1874, 58f.). Aber allem Anschein nach
bestand kein großes Interesse mehr an übersetzten Brevieren. Hier
herrschten vielmehr die billigeren Psalterdrucke und vor allem die
populären Plenarien und Gebetbücher. Mehr als dreihundert Jahre
sollte es dauern, bis wieder ein deutsches Brevier erschien: *Das Römi-
sche Brevier* von Marcus Adam Nickel (1842).

Die beiden frühen deutschen Brevierdrucke von 1518 und 1535 sind inhaltlich vollständig identisch. Ich drucke hier Vorrede und Kolophon der Venezianischen Ausgabe, die dann in der Augsburger fehlen, ab:

(Fol. A 2) In der eer der aller håiligistē/vnerschaffnē/almåchtigē/ vngetåiltē/dreiualtigkåyt. Got desz vaters/got des suns/got desz heiligē geists Und der aller såligsten iunckfrawen Maria der rainē gottes gepererin vnd allen gottes håiligen/ist disz allerlob wirdigest/ petbůch die syben zeit von latein zů deutsch gemacht/angesehē dassz nit ein iedlichs mēsch. Die kunstreich beriempt sprach versteet/beuor in deutschland/daselb nit gewondhåit ist/frawē pild in irer iugent/sollich sprach zů lerne Dadurch fil andechtige mēschē ir andacht nach irē begerē nit gåntzlich noch velliklich verbringē mügē. Nach dē sye mit dē hertzen nit vernemē was sye mit dē mund ausprechen. Darauff ist zů mererūg gőtlicheslobs. Dissz deutsch breuier vō deñ rőmischen latåinische breuier gerechtuertiget vñ auszgezogen mit gůter gemåiner deutsch gedeuschet vnd nach rechter warer ordnung der rőmischen kirchen verordnet vnd .iiij. hundert biecher gedruckt worden auff kosten vnd verlegung desz hoch gebornē herren herren Christofferen von frangepan fürst vñ graff zů zeng vőgel vñ madrusch: mit samp seiner gnaden liebsten gemahel frawen Apollonia. ℭ Zů der zeit alls d' aller durchleichtigist grossmechtigist vnvberwindtlich fürst vnd herr herr Maximilian rőmischer Kåiser ain krieg wider dē senat vō venedig gefuert hat. In wellicher kåyserlichen Maiestat dien = (verso) sten der hoch beruempt grof zů beschirmung irer kåisserlichen mayestat grånitzen vnd ortflecken. Durch vnfall mit dem pferd einen vnglicklichē fall entpfangen vnd geliten/vnd also zwischen gradisch vnd gärtz vō dē kriegsfolck der herschaft von Uenedig gefangen/vnd zů Uenedig in åinē kercker oder gfängnüsz (genannt dorasel) gehaltē. Von dem .v. tag Junii. Im .xv. hunderten vnd .xiiij. iar bisz auff dē letsten tag octobris desz .xv. hunderten vñ .xviij. iars Welliche zeit seiner genadē gefangnüsz bisz auff dissen tag drey vñ füntzig minder .v. tag beschlüszt. Uñ noch in gefancknüsz gehaltē. Bey wellichem die lőblich grefin seiner gnaden gemahel zů besunderē getrewen beystand. In hart verschlossener gefängnüsz .xxii. monat durch erlaubnüsz d' herschaft zů venedig/gewesen vñ gewont hat. Darauf ist mer bemeltz grafen vñ grefin hőchst bit vñ begeer. Durch gotz willen zů allen denen. Und einem yetlichen in sunderhåit die von got dem allmåchtigen gnad haben dissz aller kostperlichest vnd nutzperli-

chest gebet zů betten ir båider in euwer andacht gegen der aller
hõchsten ewigen gõtlichen maiestat nit vergessen zů pitten/Umb
vergebung irer sund Uerleichung gõtlicher gnadē. Erledigūg der
gefangnüsz Und ewige růwe allen kristglaubigen seelen. Amen.

(Fol. 629′, das Kolophon) ℭ Ein end hat das deutsch römisch
breuier welliches ausz dē lateinischen rõmischē breuier noch rechtem
woren gemåinen deutschē (durch kosten dessz obgemelten edelen
hoch gebornen hern bern [!] Christofel von frangepā fürst vnd graff
zů Zeug Uegel/vñ Madrusch ꝛc. Mit sampt seiner hochberuempten
gnadē eelichen gemahel fraw Apollonia wolberuempte aller wirdig-
ste Gråfin zu Frangepan: gerechtfertiget vñ auszzogē vñ zů drucken
verordnet ist) Welliches auch durch dē andechtigē geistlichē brůder
Jacob wyg barfůser ordens von Kolmar mit sunderē fleisz gecorri-
giert/quottiert/vñ in ein solliche ordnūg gesetz ist. Gedruckt vñ
sålicklichē/mit guetē fleissz vollēdet zů Uenedig durch den erberē
meister Gregoriū den gregorijs. Im Jar nach christi vnsers herē
geburt dausēt .v. hundert vñ .xviij. iar am letstē dag dessz monatz
Octobris. Darūb wir lobsagē vñ dāckwürcken der vnerschaffenen/
vnbegreifflichē/allmåchtigē/vñ aller håiligste dreiåinikait/got dē vater got dē sun vñ got dē håiligē geist/Der da ist vñ d' da war vñ d'
da künfftig ist dē sey glori lob vnd eer von welt zů welt. Amen.

Die Vermutung Henry Thodes, *Der Ring des Frangipani*, 3. Aufl.
1901, 131, Christoph von Frangepan[1] – er war nicht, wie Jacob Wyg
übertreibend sagt, Fürst, sondern Graf – sei der Übersetzer des Breviers, ist unbegründet. Der Inhalt des deutschen Breviers ist eine Kompilation aus damals beliebten älteren Druckwerken: Psalmen und Cantica sind dem bilinguen Psalter des berühmten Augsburger Druckers
Erhard Ratdolt von 1499, die Hymnen dem bekannten Gebetbuch
Hortulus animae entnommen. Die Herkunft der anderen Texte ist noch
unbekannt. Ich stelle hier zunächst die Übersetzung des 142. Psalms
nach Ratdolts Psalter der des Brevierdrucks von 1518 gegenüber.

Psalter 1499 fol. xcii	Brevier 1518 fol. 55′

Herr erhör mein gebete:
  vernyme mein bitung mit
den oren:
  erhör mich in deiner war-
hait in deiner gerechtikait.
Und das du nit in geest in
das vrtail mit dein knecht:
	Her erhôre mein gebet:
	  vernym mein bittung mit den
	oren:
	  erhôre mich in deiner war-
	hayt in deiner gerechtigkayt.
	Und nit gee ein in das vrtayl
	mit deinem knecht:

wann ain iegklicher lebendiger wirt nit gerechtfertiget
in deinem angesicht.
Wann der veind hat durchächt
mein seel:
    er hat gedemütiget in der
erd mein leben.
Er hat mich gesetzt in die
tunckle als die toten der
welt:
    vnd mein gaiste ist geäng-
stiget über mich:
    mein hertz ist betrübet in
mir.
Ich bin ingedenck gewesen
der alten tage:
    ich hab betracht in allen
dein wercken:
    vnd gedacht in den gemäch-
ten deiner hend (.)
Mein sele ich hab ausge-
streckt mein hend zů dir:
    es ist dir als die erd on
Wasser.
Herr erhör mich schnellik-
lich(:)
    mein gaist hat geprosten.
nit abker dein antlütz von
mir:
    vnd ich werd geleich den ab-
steigenden in den see.
Mach mich frü hören dein
parmhertikait:
    wann ich hab gehoft in
dich(.)
Mach mir kund den weg in
dem ich sol geen:
    wann ich hab aufgehabt mein
sel zů dir.
Herre erlöse mich von mein
veinden ich bin geflohen zů
dir:
    lere mich tun dein willen
wann du bist mein got.
Dein guter gaist wirt mich
füren in die rechte erd:

wann ein yetlicher lebendiger
wirt nit gerechtfertiget in
deinem angesicht.
Wann der feind hat durchechtet
mein sele:
    er hat gediemuetiget in der
erde mein leben.
Er hat mich gesetzt in die
dunckele als die todten der
welt:
    vnd meyn geyst ist geangsti-
get vber mich (:)
    mein hertz ist betruebt in
mir.
Ich bin ingedenck gewesen
der alten tag:
    ich hab betracht in allen
deinen wercken (:)
    vnd gedacht in den gemechten
deiner hend.
Ich hab ausgesreckt mein hend
zů dir:
    mein sele ist dir als die
erde on wasser.
Herre erhore mich schnellig-
klich:
    mein gayst hat abgenommen.
Nit abkere dein antlütz von
mir:
    vnd ich würd geleich den ab-
steygenden in den see.
Mach das ich frue hore dein
barmhertzigkayt:
    wann ich hab gehofft in dich.

Mach mir kund den weg in den
ich soll geen:
    wann ich hab auffgehebt mein
sel zů dir.
Herr erlose mich von meinen
feinden ich bin geflochen zů
dir:
    lere mich zu thun deinen willen
wann du bist mein got.
Dein gutter gayst wirt mich
füeren in die rechte erde:

| vmb dein namen her wirstu mich lebendig machen in der geleichait. Du wirst mich außfüren mein sel von den trübsal: vnd wirst zerstrewen mein veind in deiner parmhertzigkait. Vnd du wirst verlieren all die do betrüben mein sel: wann ich bin dein knecht. | vmb deines namen willen herre würstu mich lebendig machen in deiner billichayt. Du wirst ausfueren mein sel von dem trüebsel: vnd wirst zerstreüwen alle meine feind in deiner barmhertzigkayt. Den du würst verderben alle die da betrueben mein sel(:) wann ich bin dein knecht. |

Es folge der Anfang des *Canticum filiorum Israel* nach den gleichen Drucken:

Psalter 1499 fol. xcix′	Brevier 1518 fol. 64
Ir himeln hörent die ding die ich rede: die erd hör die wort meins mundes. Mein lere wachse in dem regen: mein red fliesse alws der taw. Als der regen über das kraut: vnd als die tropfen über die grase: wann ich wird anrüffen den namen des herren. ...	Ire hymel hŏrent die ding die ich rede: die erde hŏre die wort meines munds. Mein lere wachse wie der regen: mein rede fliesse als der thaw. Als der regen vber das kraut: vnd als die troppffen vber das grasz(:) wann ich würd anrueffen den namen des herren. ...

Abschließend seien noch zwei Hymnenübersetzungen einander gegenübergestellt, die des bekannten Marienhymnus *Ave maris stella*. Selbstverständlich war nicht die hier abgedruckte niederdeutsche Version der Übersetzung aus dem *Hortulus* die Vorlage für den Brevierkompilator, sondern die hochdeutsche Vorlage, die mir indessen leider nicht bekannt geworden ist.

Ortulus anime to dude 1516 fol. 21	Brevier 1518 fol. 91
Gegrutet systu meres sterne du halighe moder gades vnd alle tyd yunckfrouwe du sellghe porte des hemmels. Entpfang den gruet van gabrielis munde befestige vns in dem vrede verwandel den namen eue.	Gegruesset seyestu meres stern: heilige mŭter gottes/vnd allezeyt iunckfraw: du selige port des hymels. Empfahe den grŭsz von Gabrielis munde befestige vns in friden/ verwandel den namen eue.

Vp loße de bande den schul-
digen. schaffe lycht den
blinden vordriff vnse quaed
vorwerff vns alle gued.
Bewise dy tho wesende ene moder.
he entfanget dorch dy vnse
bet. de sick vmme vnsen willen vorwerdiget heff tho
wesen de dyn sone.
Du sonderlike yunckfrowe
manck allen yunckfrowen
manck allen anderen sachtmodich vns van sunden vor-
loseth. make sachtmodich vnd
kusch.

...

Aüflöse die band den schul-
digen schaff liecht den
blinden/vertreib vnser vbel
erwirb vns alles gůt.
Erzaige das du seyest ain můter:
empfahe durch dich vnser
gebet: der vmb vnseren willen
gerůcht hat zů seyn dein
sün.
Du besondere iunckfraw vnder
allen andren senftmuetig:
vns von sünden erlöset mach
senftmetig vnd keusche.

...

Der Kompilator des deutschen Breviers ist wahrscheinlich der im
Kolophon genannte Barfüßer Jacob Wyg aus Colmar. Daß er nicht nur
kompilierte, sondern gelegentlich auch bessernd in den Text eingriff,
zeigen die Vergleiche. Wahrscheinlich hat er auch die Teile des Brevier-
textes, die er an anderen Stellen nicht finden konnte, selbst übersetzt.

Der Titel der ersten Druckausgabe des deutschen Breviers läßt
erkennen, wie wenig Wert man damals auf eine genaue Unterscheidung
von Brevier und Psalterium legte. In der Tat: für die Bedürfnisse des
beim *Officium divinum* nur Mitbetenden, vollends für den privat Beten-
den, war nicht unbedingt ein vollständiges Brevier erforderlich. Ihm
konnte durchaus ein gewöhnliches Psalterium genügen, zumal wenn
diesem, wie es meist der Fall war (cf. W. Brambach, *Psalterium*, 1887
u. H. Ehrensberger, *Bibl. liturg. manuscr.*, 1889), Angaben zum Gebrauch bei den Gottesdiensten und als Zusätze die Cantica und Litaneien beigegeben waren. Als Beispiel kann dafür der Ratdoltsche Psal-
terdruck von 1499 (Hain 13511) dienen, den wir oben als direkte Quelle
für das Brevier nachweisen konnten. (Über diesen Psalter, dessen einzelne Auflagen durchaus verschiedene Textrezensionen zeigen, cf. W.
Walther, *Bibelübersetzung* l. c. col. 601, 628ff. u. H. Vollmer, *Mat. 7*,
passim.) Unter dem Namen Psalterium verbargen sich also Bücher ganz
verschiedenen Inhalts.

IX.

Wie das übersetzte Brevier sowohl auf den übersetzten Psalter, der ja im hohen Mittelalter schon auf eine lange Übersetzungstradition zurückblicken konnte, als auch auf das lateinische Brevier mit deutschen Rubriken zurückgeht, so das deutsche Missale und die verwandten Gebetbücher, die z. T. auch Elemente des Breviers in sich aufgenommen hatten[2], auf das übersetzte Perikopenbuch, das Lectionar. Leider kann man den Zeitpunkt, zu dem man begann, systematisch Lectionare zu übersetzen, noch nicht genau bestimmen, keinesfalls liegt er wesentlich vor der Niederschrift des Cod. Pal. Vind. 2682, die N. Törnqvist (*Eine frühmittelalterliche Interlinearversion der Psalmen* . . . 1, 1934, xxiii f.) in den neunziger Jahren des 12. Jahrhunderts vermutet. Fest steht nur, daß man zunächst bei der Übersetzung der Liturgie die Lectionare, resp. die Perikopenabschnitte des Missale bevorzugte. Aus diesen seit dem 13. Jahrhundert immer zahlreicher werdenden deutschen Perikopenbüchern, hat sich dann – wenn ich recht sehe – sowohl der Typ des Plenars mit Postille, als auch das verdeutschte Vollmissale entwickelt. Waren die Plenarien mit ihren exegetischen Zusätzen, den Glosen, vornehmlich für Laien bestimmt, so weiß man noch immer nicht, zu welchem Zweck die übersetzten Lectionare und Missalien eigentlich dienten. F. Maurer, *Studien zur mitteldt. Bibelübers. vor Luther*, 1929, 16, hat mit guten Gründen die liturgische Verwendung der deutschen Perikopenbücher bestritten[3]. Da das übersetzte Missale aus dem übersetzten Perikopenbuch hervorgegangen ist, muß man annehmen, daß sich wohl schon im späteren 14. Jahrhundert ein ähnlicher Vorgang abspielte wie der, der einige Jahrhunderte früher zum lateinischen Plenarmissale führte, dessen früheste Zeugen dem 9. Jahrhundert angehören (cf. A. Dold, *Vom Sacramentar, Comes und Capitulare zum Missale*, 1943 und *Archival. Zs* 46 [1950]). Erwiesen wird diese Annahme durch die von H. Vollmer festgestellte Beziehung der verdeutschten Plenarmissalien Cod. Vind. Pal. 2714, Erfurt, Amplon. F 148 und Berlin, germ Q 1845 zum Perikopenfragment Berlin, germ F 706, dem Vollmer mit Unterstützung von de Bruin (cf. Vollmer, *Mat.* 11, 44f.; 12, 147; 14, 48*) eine zentrale Bedeutung vindiziert. Missalehandschriften dieser Art scheint es aber nur sehr wenige gegeben zu haben (cf. Borchling. *Reiseber.* 1, 86; Vollmer, *Mat.* 14, 147), und an eine liturgische Verwendung braucht so lange nicht gedacht zu werden, bis die dazugehörigen Meßgesangbücher, die Gradualien, aufgefunden wurden. Von den bisher bekannten deutschen Missalien weist jedenfalls keines musikalische Noten oder Neumen auf.

X.

Am Anfang des 16. Jahrhunderts wiederholt sich, wenn auch in sehr beschränktem Umfang, abermals der gleiche Vorgang, indem aus den gedruckten Plenarien wiederum Missalien, jetzt freilich mit Glosen, hervorgehen. Paul Pietschs grundlegendes Werk über die gedruckten hochdeutschen Plenarien, *Ewangely und Epistel Teutsch* (1927), ist leider – und das bedauerte schon G. Kunze (*Die gottesdienstl. Schriftlesung*, 1947, 70) – mehr bibliographisch als liturgisch gerichtet. Die Übersetzungen der Gesangstexte lagen vollends außerhalb der Interessen Pietschs. (Die gedruckten niederdeutschen Plenarien enthalten in keiner Ausgabe verdeutschte Gesangstexte, cf. W. Kämpfer, *Stud. zu den mittelniederdt. Plenarien*, 1954, 95 u. 104.) Vom Gesichtspunkt der Einbeziehung der Gesangsteile (der Messe) können wir drei Typen von hochdeutschen Plenarien unterscheiden:

1. die ältere Gruppe – sie lehnt sich an den Druck eines hochdeutschen Plenars, Pietschs „*A* ", an – enthält keinerlei übersetzte Gesangstexte,

2. die mittlere Gruppe – sie schließt sich an den Druck von Thoman Anshelm in Straßburg vom Jahre 1488, Pietschs „*M* ", an – enthält neben den Perikopen und Glosen schon die Introiten und Collecten, also vom Lectionar aus gesehen Bestandteile des Graduale und das Collectar,

3. die jüngste Gruppe – es handelt sich hier um die Drucke von Adam Petri in Basel, deren erster 1514 erschien, Pietschs „*U* " – umfaßt das ganze Missale für die Sonn- und Festtage mit Glosen. Zur Charakterisierung der einzelnen Typen teile ich hier ausgewählte Abschnitte aus den Einleitungen einzelner Ausgaben aller drei Gruppen mit.

Zu 1. (Pietsch p. 9, nach dem ältesten hochdeutschen Plenardruck von 1473): „*Hie vahet sich an ein plenari nach ordnung der heyligen christenlichen kirchen, in dem man findet epistel und ewangeli, als die gesungen vnd gelesen werdent in dem ampt der heyligen meßß, in massen hernach volgent . . . Auch findet man in disem bůch auff ein yedlich ewangeli an den sontag ein besunder predig mit seiner lateynischer geschrifft vnd*

auctoritet nach warer stat, als wo die geschriben stat in der bibel, vnd in
wellichem capitel gancz grundlich ersůchet vnd warlich... "

Zu 2. (Pietsch p. 31, nach dem Druck von 1488): *„Hienach volgend*
die ewangelj mitt der gloß vnd außlegung, auch die Epistlen teütsch ge-
druckt, dar bey der anfang, der psalm, vnd ein collect eyner yedlichen meßs
von der zeyt vnd auch von den heyligen das gantz iar nichtz außgelassen,
gentzlich nach ordnung der christlichen kirchen... "

Zu 3. (Pietsch p. 45 und Ph. Wackernagel, *Bibliographie zur Gesch.*
des dt. Kirchenliedes im xvi. Jh., 1855, 37 ff.; eine nähere Beschreibung
des Inhalts von „*U* " gibt Pietsch p. 90 ff.; ich gebe hier das Inhaltsver-
zeichnis des von mir benutzten Druckes von 1516, „*U²* ", das sich aber
nicht wesentlich von dem des ersten Druckes, von „*U¹*" also, unterscheidet):

Introit: das ist/eingang oder anfang der meß: der verß/Gloria patri.
kyrie eleison vnd Christe eleison.
Gloria in excelsis deo. Et in terra.
Collect: das ist das gebett für das gemein volck.
Epistel/mit einem kurzen schrifftlichen sinn.
Gradal oder demutig bußwyrcklich gesang.
Alleluia/oder vnaussprechlich lob gesang/oder trakt.
Sequentz oder proß vnd lob an etlichen hohen festen.
Ewangely mit gantz newer vor (bey vnß) nit gehorter Gloß/vnd
    außlegung. Vnd mit eine schonen lersamen Exempel allwegen
    geendet.
Patrem/der glaub zusammen gesetzt in dem concili Niceni.
Offertorium/ein lobgesang das man singt zu dem opffer.
Secreta: das ist das still gebett darinn vffgeopferet würd die bitt
    darumb dann die meß gelesen würt.
Sanctus/mit dem Benedictus.
Agnus dei/hat Sergius bapst vffgesetzt.
Commun: das ist das schluß gebett.
Ite missa est/oder Benedicamus domino.

Dem Plenartyp „*U* " kommt also, wie auch Pietsch immer wieder
betont, als Missale mit Glosen durchaus eine Sonderstellung zu. Diese
Plenarausgabe war es dann wohl auch, die das Erscheinen von übersetzten Missalien in den ersten zwei Jahrzehnten des 16. Jahrhunderts
verhinderte. Sie ist also die eigentliche Parallelerscheinung zu dem
übersetzten Brevier von 1518.

XI

Ganz für sich steht der Druck:

Ain Missal oder Meßpůech‖über das gantz jar/mit allen In=‖troiten oder Eingänngen der‖Meß/Kyrieleyson/Et in‖terra/Collecten/ Gradua‖ln/Tracten/Alleluia/‖Sequentzen/Epistln‖Evangelien/ Patrem/‖Offertorium/‖Prefationn/‖Sanctus‖Communio‖Complenda/‖mit sampt allen concor=‖dantzen neben zůe/nach ordnúng ains‖Registers gantz ordentlich vnd aufs‖aller lustigist vnd hŏchsten fleiß/von‖latein in teütsch gezogen. gantz nutz‖lich vnnd vnuerdrieslich zw lesen.

Kolophon=fol. ccclxxxi: Gedruckht vnd saligklich vol=‖endet jn der Fürstlichen statt‖München durch Hanssen‖Schobsser půechdrucker‖daselbs/in verlegung des‖Eersamen Josephen‖piernsieder zu swatz‖Als man zelt nach‖Christi gepurdt‖M.CCCCC‖XXvi.‖Auff den XXvi. tag Januarii.

Dieses Buch, in der einschlägigen Literatur nur vereinzelt genannt (E. Weller, *Repert. typogr.*, 1864–1865, Nr. 3929; P. Pietsch l. c. 62) und nur einmal zu Vergleichszwecken herangezogen (H. Vollmer, *Mat.* 11, 1937), ist eine sehr merkwürdige Kompilation. Leider weist das Buch keinerlei Vor- oder Nachwort auf, so daß die eigentlichen Absichten des Herausgebers unbekannt bleiben. [Vgl. dazu jetzt das Vorwort in der Faksimile-Ausgabe *Alle Kirchen-Gesäng vnd Gebeet des gantzen Jars ...*, in Verbindung mit R. Bellm hrsg. von Th. Bogler, 1964, insbes. 97*ff.]

Die Evangelienperikopen dieses Missals gehen vielfach, die Epistelperikopen vereinzelt auf Luthers Bibelübersetzung zurück. Wenn auch nur (zahlreiche) Stichproben gemacht wurden, so dürfte dieses Ergebnis doch einigermaßen definitiv sein. Als Beispiel vollständiger Abhängigkeit vom Text Luthers gebe ich hier zunächst die Lection des Palmsonntags in Ausschnitten, also Teile der Markuspassion, die mit dem Text Luthers WA Bibel 6, 1929, 192ff. zu vergleichen sind.

Fol. 192f.:

In der selben zeit: Nach zwayen tagen was ostern/vnd die tåg der vngehófelten prot. Vnd die hohen priester vnd schriftgeleerten/ sůechten/wie sy in mit listen fiengen/ vnd tödteten. Sy sprachen aber/Ja nit auf das fesst/das nit ain auffrůer werd jmm volk. Vnd do er zů Bethanien was in Symeonis des aussetzigen hauß/vnd saß zů tisch. Do kam ein weyb/die het ein glas mit vngefelschtem/vnd köstlichem Spicawasser/vnd sy zerprach das glas/vnnd goß es auff sein haubt. Do waren ettlich/die warden entrüsst vnd sprachen. Wem soll diser vnrat? Man kündt das wasser/meer dann vmb dreyhundert pfenning verkaufft haben vnd dasselbig den armen geben/ vnnd mürreten wider sy. Jesus aber sprach. Laßt sy mit friden: was kümmert jr sy? Sy hat ein gůt werck an mir gethan. Jr habt allezeyt arme bey eüch: vnd wenn jr wölt kündt jr in gůts thůen/mich aber habt jr nit allzeyt. Sy hat gethan was sy kündt/sy ist fürkömen meinen leychnam zu salben/zů meiner begrebnuss. Warlichen jch sag ewch/Wo dises Ewanngelium prediget wierdt jnn aller wellt/da wirt man auch sagen zu jrer gedåchtnuß das sy yetz gethan hat...
Fol. 193f.: Vnd in dem sy assen nam Jesus das prot/vnd sprach den segen/vnd prachs/vnnd gabs jnen/vnnd sprach. Nembt/esset/das ist mein leichnam. Vnnd nam den kelch/vnd dancket/vnd gab in den Vnd sy tranckhen alle darauß/vnd er sprach zů jnen Das ist mein plůet/des neüen Testaments/das für vil vergossen wirt. Warlich jch sag eüch/daz jch hinfüran/nit trinckhen wird von dem gewåchß des weinstockhs/bis auf den tag/da jchs neü trinckhe/in dem reych gottes. Vnd do sy den lobgesang hesprochen hetten/giengen sy an den ölperg. Vnd Jesus sprach zů jnen. Ir werdet ewch in diser nacht all an mir ergern: dann es steet geschriben. Ich wird den hyrten schlagen/vnd die schaf werden sich zerstråen. Aber nach dem jch aufferstee/wil jch vor ewch in Galileam geen...

Selbstverständlich ist selbst an solchen Stellen der Text nicht ganz genau der Lutherbibel nachgedruckt. Wie bereits P. Pietsch feststellte, ist der Text des Missals stark mundartlich gefärbt, was sich natürlich nicht nur in der Orthographie, sondern auch im Wortschatz bemerkbar macht. So wird etwa, um nur ein Beispiel herauszugreifen, der Luthersche Ausdruck „süßes Brot" stets durch „vngehöfeltes" Brot ersetzt; dergleichen Abweichungen ändern aber nichts an der festgestellten Abhängigkeit.

Der Herausgeber des seltsamen Missals ist freilich in der Auswahl seiner Quellen nicht konsequent. Die Perikope Matthäus 15, 21–28, die Erzählung vom kanaanäischen Weib, findet sich im Missal zweimal, einmal nach dem Text Luthers, einmal nach einer anderen, einstweilen nicht näher bestimmbaren Übersetzung. Zunächst folge hier der auf Luther zurückgehende Text (cf. WA Bibel 6, 72):

Fol. 94′f.:

In der selbigen zeyten/Gieng Jhesus aus von dannen/vnd entwich in die gegent/Tyro/vnd Sydon. Vnnd sihe/ein Cannaneisch weib gieng aus der selbigen gegent vnd schryr jm nach/vnd sprach. Auch herr/ du sun Dauid/erbarm dich mein. Mein tochter hat einen bösen teüffel: vnd er antwortet jr kain wort. Da traten zů jm seine junger/ vnd baten in/vnd sprachen. Laß sy doch von dir/dann sy schreit vns nach. Er anntwortet aber vnnd sprach. Ich pin nit gesandt/dann nur zů den verlornen schaffen/von dem hauß israel. Sy kam aber/vnd viel nyder für in/vnd sprach. Herr hilff mir. Aber er anntwortet vnnd sprach. Es ist nit gůt/das man den kindern jr prot neme/vnd werff es für die hundt. Sy sprach ja herr/aber doch essen die hindlein/ von den prosamlein/so von irer herren tisch vallen. Do anntwortet Jesus/ vnd sprach zů jr. O weib dein gelaub ist groß/dier geschehe/ wie du wild. Vnd jr tochter ward gesundt/in derselbigen stunde.

Zum Vergleich der gleiche Text nach der bisher nicht bekannten Übersetzung. Vielfältiges Vergleichsmaterial vorlutherischer Bibel-übersetzungen gerade für diesen Text findet man bei H. Vollmer, *Mat.* 10, 22f. und 55; 14, 17*, sowie im LJb 1934, 34ff.

Fol. 112f.:

In der selben zeyt/Gieng aus Jhesus vnd gieng ab in die gegent Tyri vnd Sidonis. Vnd nembt war/ein Cannaneisch weyb die von den selbigen enndten kômen was schrir zů jm/vnd sprach. Erbarm dich mein/o herr/ein sun dauid/mein tochter wirt armsåliklich von den pôsen geist gepeinigt. Er aber antwortet jr gar nichtz. Vnd da giengen hin zů seine junger/vnd baten in/vnd sprachen. Gib jr ainen abschid/dann sy schreyt vns nach. Aber er anntwortet/vnd sprach. Ich pin nit geschickht/dann nur allein zů den schaffen die verloren sind/des hauß israhel. Sy aber ist kômen/vnd hat in angepet vnd gesprochen. Herr kumm mir zů hilff/aber er anntwortet/vnnd sprach. Es ist nit eerlich zůnemen das prot der sün/vnd fürwerfen

den hündlein. Sy aber anntwortet. Gewißlich herr: essen doch die
hündtl von den prosen/die da fallen von dem tisch jrer herren. Do
anntwortet Jesus/vnd sprach zů jr. O weyb/ groß ist dein glaub/
geschech dir alls du wildt. Vnd jr tochter ist gesundt worden zů der
selben zeyt.

Außerdem gibt es in dem Missal aber auch neutestamentliche Perikopen, in denen zwar noch der Luthertext durchscheint, im allgemeinen
aber doch eine andere Rezension zugrunde liegt. Als Beispiel diene
hierfür die Weihnachtsgeschichte Lucas 2, 1–9. Die Abhängigkeit von
Luther wird, trotz der zahlreichen Varianten, allein durch ein Wort wie
„Landpfleger", das in dem gerade für diese Stelle ungewöhnlich reichen
Vergleichsmaterial bei Vollmer, *Mat.* 9, 25ff. und Walther, l. c. col.
475ff. (cf. ferner Vollmer, *Mat.* 10, 36f.; 12, 123f.; 13, 61*f., 74*; 14, 8*f.
und Maurer, l. c. 112 u. 134) nirgends erscheint, erwiesen.

Fol. 26f.:

In der selben zeyt/Ist außgangen ein gepot von dem kayser Augu-
sto/das beschriben würd die gantz welt. Dise beschreibung ist zům
ersten geschehen/vndter dem landtpfleger Kyrenios/der in Syria
waz/Vnd sy giengen all/das sy sich ansageten ein yeder in sein
haymat. Da gieng auch joseph auf/aus Galilea/von der statt Naza-
reth/in Judeam/jn die statt Dauid/Bethlehem genanndt/darumb
das er was von dem hauß/vnnd geschlåcht Dauid/das er sich ansaget
mit Maria/seiner vermåhelten haußfrawen/die schwannger was/Es
begab sich aber/die weyl Sy daselbs waren/das erfüllt waren die tag
der gepurdt. vnnd gepar Iren erstgepornen sun/vnnd wicklet jn/in
Tůechel/vnnd legt in ein kripp/ dann sy hetten khain stat in der
herberg. vnnd die hyrten/die waren in der selben gegent mundter/
vnd wachund dye wacht in der nacht über jr vihe. Vnd nembt
war/der engel des herren stůend bey jnen. vnd die klarhait des
herren/hat sy vmbscheinet/vnd haben sich gefürcht mit grosser
forcht. Vnd der engel sprach zů in. Ir solt eüch nit fürchten: dann
nembt war: jch verkünd eüch grosse freyd die künfftig ist allem
volckh/dann ewch ist heüt geporen der behallter/der da ist Christus
vnser herr/in der statt Dauid. Vnd das sey eüch ain zaychen/Ir
werdt finden ein kindlein/eingefåtschet vnd gelegt in ein kripp.
Vnnd vrbering ist worden mit dem engel ein menig/der hymelischen
ritterschafft/die got lobten/vnd sprachen. Glorj sey got in den hôch-
sten vnd auf der erden/frid/den gutwilligen menschen.

Soweit das Missale den Luthertext bietet, scheint als Vorlage die erste Ausgabe der Lutherschen Übersetzung, das sogenannte Septembertestament (cf. WA Bibel 2, ed. P. Pietsch, 209 Nr. 1) gedient zu haben. Zwar gibt es nur wenige Varianten, die das Septembertestament von allen späteren Ausgaben unterscheidet, aber gerade in den oben mitgeteilten Ausschnitten aus der Marcuspassion findet sich eine derartige Stelle. Im Missal heißt es in Marc. 14, 2: *„werd jm volkh"*, im Septembertestament: *„werde ym volck"* und in allen späteren Ausgaben des Luthertextes: *„im Volkck werde"* (cf. LW Bibel 6, 192, Anm.). Damit erschließt sich uns die allerfrüheste Quelle für die Verwendung des Lutherschen Bibeltextes im Bereich der katholischen Kirche. Das ganze Buch ist gewiß schon allein aus diesem Grund bemerkenswert. Darüber hinaus zeigt es aber, wie wenig Gewicht man der Polemik des Hieronymus Emser, *„Auß was grund vnd vrsach Luthers dolmatschung... billich vorbotten sey..."*, 1523 (cf. G. Kawerau, *H. Emser*, 1898, 58f.), beimaß, dann, daß man willens war, die offensichtlichen Vorzüge der Lutherschen Übersetzung für die eigenen Zwecke zu nutzen. Dies tat ja dann schließlich auch Emser selbst in seiner Bibelübersetzung, die aber erst ein Jahr nach dem Missal erschienen ist. (Die alttestamentlichen Lectionen sind, wie man aus den Vergleichstabellen H. Vollmers, *Mat.* 11, 46ff. ersehen kann, wahrscheinlich den gedruckten Plenarien entnommen.)

XII.

Ich drucke hier zunächst die Übersetzungen von fünf Gesangstexten
nach dem Plenar „U^2" und dem Missal nebeneinander ab.

Introitus „*Ad te levavi*" zum 1. Adventssonntag (LU 318)

Plenar „U^2" fol. 1   Missal fol. 1

Ich hab mein sel vffgehaben zů	Zu dir hab ich auferhebt mein
dir/o mein gott ich getraw dir	seel/mein gott/in dich hab
wol ich werde nit zuschanden/	jch mein vertrawen/wirt mich
vff das mich nit verspotten	nit schåmen/es sollen mein auch
meine feind. Alle die dein	nit spotten meine feint Dann al-
warten/die werden nit zů	le die auf dich wartten/werden
schanden	nit geschendt.
(Ps.) Herr erzeyg mir deine	Ps. Deine weg herr/erzaig
weg/vnd lere mich deine	mir/vnd deine fůßsteyg
fußstapffen.	lerne mich.

Offertorium „*Ad te Domine levavi*" zum 1. Adventssonntag (LU 321)
(Das Wort „*Domine*" ist neuerer Zusatz, fehlt also hier noch.)

Zů dir hab ich erhebt mein seel/	Zů dir hab ich auferhebt mein
mein gott in dich hoff ich/	sell/mein gott/jn dich hab
ich werd nit zů schanden/	jch mein vertrawen/wirt mich
auch mich meine feind nit	nit schåmen/mein sôllen auch
werden verspotten: wann	nit spotten meine feindt/dann
all die dein warten werden	alle die auff dich wartten/
nit geschendt. (fol. 5)	werden nit geschendt. (fol. 2')

Introitus „*Lux fulgebit*" zur 2. Weihnachtsmesse (LU 403)

Ein liecht würt heutt schei-	Ain liecht wirt scheinen heüt
nen über vns/wann es ist vns	vber vnß dann der herr ist
geboren der herr/vnd würt ge-	geporn/vnnd wirt genennt der
heissen ein wunderbarlicher	wunderpårlich Gott/ein fürst
got/ein fürst des frides/	des frids/ein vater der künf-
ein vatter der künfftigen	tigen welt/welliches reychs/
welt/welches reich würt	kain endt wirt.
haben kein end.	

(Ps.) Der herr hat geherr-
schet/vnd hat angelegt die
gezierde/der herre hat angelegt die stercke/vnd hat sich
fürbegürt mit seiner krafft.
(fol. 22′)

Ps. Der herr hat regnirt/hat
angelegt die zier: der herr
hat angelegt die sterckh:
vnnd hat sich vmbgůert mit
krafft. (fol. 28)

Alleluia V. „*Pascha nostrum*" vom Ostersonntag (LU 779)

Vnser osteren ist christus
geopffert/ (fol. 120′)

Vnser ostern ist Cristus
geopffert. (fol. 229′)

Communio „*Pascha nostrum*" zur Ostermesse (LU 781)

Vnser osteren ist christus
geopffert alleluia/also
werden wir gespeyßt in dem
derbenbrot der lauterkeit
vnd der warheit. (fol. 123)

Unnser Ostern ist Christus
geopffert alleluia/also werden wir wolleben in den vnge-
hȯfelten proten/der lautter-
kait vnnd der warhait/alleluia.
(fol. 231)

Beim Plenar „*U*" fällt auf, daß gleichlautende Gesangstexte auf
verschiedene Weise übersetzt sind. Nur selten, wie hier bei den Oster-
texten, entsprechen gleichen Vorlagen gleiche Übersetzungen. Beim
Missal scheint ein stärkerer Wille zur Vereinheitlichung gewirkt zu
haben. Ob dabei irgend welche Texte von „*U*" als Vorlage dienten,
kann nicht entschieden werden, immerhin wäre es möglich, daß der
Redakteur der beiden mitgeteilten Adventstexte den zweiten aus dem
Plenar sich als Vorbild nahm. Dagegen scheint es sicher, daß im Missal
wenigstens innerhalb der einzelnen Formulare eine gewisse Einheitlich-
keit erstrebt wurde. Nun gehört es aber innerhalb eines Meßformulars
keineswegs zu den Seltenheiten, daß ein Textabschnitt der Perikope als
Gesangstext wiedererscheint. Dies hat der Bearbeiter des Missales aber
nie beachtet, denn selbst innerhalb eines einzigen Formulars zeigen sich
hier gelegentlich erhebliche Varianten. Immerhin kann eine derartige
Verschiedenheit auch schon auf Differenzen in den lateinischen Vorlagen zurückgehen, denn die Gesänge konservieren bisweilen Lesarten
aus der Zeit der *Vetus Latina* (cf. C. Marbach, *Carm. script.*, 1907, 11
und 31 sowie A. Dold im *Gregoriusbl.* 53 [1929]).

Der Vulgatatext von Joh. 8, 10-11 lautet: „... *Mulier, ubi sunt qui
te accusabant? Nemo te condemnavit? Quae dixit: Nemo, Domine. Dixit
autem Iesus: Nec ego te condemnabo: vade et iam amplius noli peccare.*"
Die Übersetzung dieser Stelle, die in der Evangelienperikope des

„*Sambßtag nach Oculi*" steht, heißt im Missal fol. 145: „... *Weyb/wo
sind deine anklager: hat dich nyemant verdampt: Sy aber sprach. Herr
nyemant. Jesus aber sprach. So verdamb jch dich auch nit/geehin vnd
sündig füran nit meer.*" Diese Übersetzung geht, wie so viele, direkt auf
Luthers Übersetzung zurück (cf. LW Bibel 6, 358). Der lateinische Text
der Communio desselben Formulars lautet: „*Nemo te condemnavit, mulier? Nemo, Domine. Nec ego te condemnabo: iam amplius noli peccare.*"
Die Übersetzung dieses Gesanges im Missal fol. 145f. lautet: „*Weyb/hatt
dich nyemandt verdampt: niemandts Herr: so wil ich dich auch nit verdam-
men/gee/vnd sündig yetzt nit meer.*"

Der lateinische Text der Communio ist lediglich eine Verkürzung des
Vulgatatextes, der deutsche Text der Communio dagegen geht entweder auf eine andere Vorlage zurück oder ist unabhängig vom Perikopen-
abschnitt übersetzt; dabei wäre es sehr leicht gewesen, den Text der
Lutherübersetzung analog dem lateinischen zu verkürzen.

Die Sequenzen sind im Missal, wie auch im Plenar „*U*", prosaisch
übersetzt, und die folgende Gegenüberstellung mag zeigen, daß das
Missal auch in diesem Punkt nicht unabhängig vom älteren Plenar ist.
Freilich bleibt die seltsame Vertauschung der Verse hier singulär.

Sequenz „*Veni Sancte Spiritus*" zur Pfingstmesse (LU 880)

Kvm heiliger geist	Kumm heyliger geyst/
vnd send auß vom himel	vnnd send von hymel
den glantz deines scheins	den glantz deines liechts.
Kum vatter der armen/	Kumm geber der gaben/
kum geber der gaben/	kumm vatter der armen/
kum liecht der hertzen	kumm liecht der hertzen
Albester trôster/	Der aller pesst trôster/
ein sůsser gast der sele/	sůsser gast der seel
ein sůsse ergetzung/	sůesse erquickung.
Ein růw in der arbeit/	Inn der arbait pist du die růe/
ein erquickung in der hitz	in hitz ain erkielung/
ein trost in der trůbsal	in wainung ain trost.
O allerseligstes liecht	On dein hillff ist nichts jm
erfüll die inwendige des hertzen	menschen
deiner glaubigen	vnnd nichts vnbefleckhts.
On deine gottheit ist nicht	
in den menschen	
ist nüt on treffliches	
Wasch das do ist vnrein/	Wasch das vnrain ist/
feuchte das do dürr ist	wåsser daz dürr ist/
richte das do irrig.	hayl das wundt ist.
Erlabe das kranck ist/	Peüg das starr ist

bieg das do hert ist/
mach gesunt das wund ist
Gib deinen glaubigen
die vertrawen in dich
die heilige sybenförmige gab
Gib dem verdienst der tugend
gib dem außgang des heils
gib die ewige freud: Amen.
(fol. 148)

erwörme das kallt ist/
laydt das wegweiß ist
Gib deinen glaubigen
in dich vertrawenden
alle heilige gaben.
Gib ain tugentlichs leben/
gib ain hailsames ende.
Gib die ewig freyde
Durch Jesum Christum vnsern
herren. Amen.

Niemand wird behaupten wollen, der Text des Missals bedeute eine Verbesserung gegenüber dem des Plenars. Im Gegenteil! Daß diese Übersetzung auch für die damalige Zeit nicht gut war, wird jeder Kenner der Übersetzung des Thomas Müntzer, die ja auch schon vorlag, bestätigen. Die Müntzersche Übersetzung findet man in E. Sehlings *Evangel. Kirchenordnungen des 16. Jhts.* 1, 1902, 504a sowie in Ph. Wackernagels *Deutschem Kirchenlied* 3, 1870, 543 als Nr. 591, wo sie (seltsam genug) unter den anonymen Liedern steht.

Die Übersetzung der Sequenz „*Veni Sancte Spiritus*" steht im Missal von 1526 nicht an Ort und Stelle im Pfingstamt, sondern in einem Supplement: „ ℭ *Die Mess vom̄ heyligen Geyst*‖*Am Erichtag durch das gantz*‖*jar wochentlich zuelesen.* ‖ ℭ *Item die Mess An vnnser lie*=‖*ben frawen Liechtmess tag*‖" auf fol. a iij'. Der ganze Druck umfaßt nur einen Oktavbogen.

XIII.

Theobald Schrems hat in seiner *Geschichte des gregorianischen Gesanges in den protestantischen Gottesdiensten*, 1930, den ganzen Bereich des in die deutsche Sprache übersetzten Chorals unberücksichtigt gelassen und den Namen des bedeutendsten Übersetzers von Choraltexten, den Thomas Müntzers, überhaupt nicht genannt. Wie man weiß, war dem Versuch, die alten Gesänge mit übersetzten Texten zu versehen, ein anhaltender Erfolg versagt, aber letzten Endes gilt dies ja auch überhaupt von allen Versuchen, die traditionellen Choralmelodien dem protestantischen Gottesdienst zu erhalten. Jetzt, nach der Erschließung der vorreformatorischen Antiphonarien, erscheinen auch die Übersetzungen der Protestanten in einem etwas anderen Licht.

Unter den Übersetzungen von Choraltexten dürfen die liturgischen Arbeiten von Thomas Müntzer, der noch immer die Priorität für die konsequente Übersetzung von Meßformularen beanspruchen kann, als erste und historisch bedeutsamste Versuche im Bereich des Protestantismus ein besonderes Interesse beanspruchen. Seitdem Julius Smend (*Die evangelischen deutschen Messen...*, 1896, 94ff., bes. 111ff.) erkannte, daß die bekannte Ablehnung der Müntzerschen Arbeiten durch Luther *„mit liturgischen Bedenken ... nichts zu schaffen"* hatte, sondern einer *„tiefgehenden Abneigung gegen den ,Alstedtischen Geist'"* entstammte, hat man auch den Müntzerschen Schriften mehr Aufmerksamkeit geschenkt, wenn allerdings auch heute noch gelegentlich die alten törichten Argumente gegen Müntzer vorgebracht werden. F. Gebhardt z. B. spricht im Übereifer sogar von *„Stümpereien"* Müntzers (LJb 1928, 127). Eine umfassende, allen Anforderungen genügende Neuausgabe der liturgischen Schriften von Müntzer liegt bisher nicht vor, ist aber seit Jahren angekündigt (cf. Th. Müntzer, *Politische Schriften*, ed. C. Hinrichs, 1950, Nachwort); die Texte der beiden Hauptschriften findet man im ersten Band von E. Sehlings *Evangel. Kirchenordnungen*, 497ff., einzelne Vorreden bei Smend (l. c.) und in Wackernagels *Bibliographie* (451f.), die Gesänge der Meßformulare (verstreut) im Hb. und den Hauptteil der Kirchenämter in der Ausgabe von O. J. Mehl (Th. Müntzer, *Dt. Messen und Kirchenämter*), die 1937 mit einer beachtenswerten Abhandlung von F. Wiechert (*Müntzers Kirchenämter und die liturgische Tradition*) erschien. An weiteren Spezialarbeiten sind zu nennen: R. Hermann, *Th. Müntzers ev. Messe...*, in: *Zs. des Ver. f. Kirchengesch. d. Prov. Sachsen* 9 (1912); K. Schulz, *Th. Müntzers liturg. Bestrebungen*, in: *Zs. f. Kirchengesch.* 47 (= N. F. 10) (1928) und E. Jammers, *Th. Müntzers dt. ev. Messen*, in: *Arch. f. Reformationsgesch.* 31 (1934).

Thomas Müntzer hat zwei liturgische Schriften mit Musiknoten herausgegeben, das *Deutzsch kirchen ampt* (1524)[4] und die *Deutsch Euangelisch Messze* (1524). Das ältere Werk enthält je fünf Formulare für Mette, Laudes und Vesper, das jüngere fünf Meßformulare. Müntzer hat das Kirchenjahr in fünf Festzeiten eingeteilt: Advent, Weihnachten, Passion, Ostern und Pfingsten, aber den Geltungsbereich der einzelnen Ämter zeitlich nicht genau abgegrenzt. So kann z. B. das Weihnachtsamt bis Epiphanias oder bis Mariä Lichtmeß gebraucht werden.

Trotz der Verfemung durch Luther und seine Anhänger sind die Müntzerschen Formulare an verschiedenen Orten auch noch nach Müntzers Tod verwendet worden. Man weiß aus einem Brief Bugenhagens, daß noch 1543 in Wolfenbüttel Müntzersche Gesänge gesungen wurden (Smend 117; Mehl 46), und einzelne Stücke haben sogar Aufnahme in die großen protestantischen Kantionalien von Spangenberg, Lossius und Keuchenthal gefunden (z. B. Hb. Nr. 502 aus dem *Kirchenamt*). In Alstedt, wo die Müntzerschen Ämter und Messen ebenfalls gebraucht wurden, hat man sie, aller evangelischen Freiheit zum Trotz, durch die *Ordnung der Visitatoren für die Stadt und das Amt Alstedt, 1533* verboten. In dieser Ordnung heißt es u. a.:

„*An das sol der Schulmeister die iugent zu idem sermon mit zuchten furen und die geordenten gesänge der kirchen bei der messen auch vor und nach itzlicher predigt mit den [=Tön] und text, wie die zum theil durch doctor Martin Luther gemacht und in dem gesangbuchlein von Wittenberg zusammen gedruckt und ausgangen, singen. dobei allweg der schulmeister selb sei, die schuler zu und abfuren sol, und sollen also domit alle gesenge, welche zur Zeit Thomas Muntzer gemacht, hiemit aufgehoben sein und nachbleiben...*" (Sehling 1, 509).

„*So sollen auch hinfurt kein Muntzerische lieder gesungen werden, dann ob etzliche spruche aus der heiligen schrift genommen sein, so sind dieselbigen unchristlich eingefurt, haben auch ein ungeschickt lateinisch noten. Darumb dieweil sonst viel schoner guter deutscher geseng sind, als te deum laudamus deutsch, es wolt uns gott gnedig sein, verleie uns frieden gnediglich etc. und dergleichen, durch d. Martinum auch andere gemacht*

*und zu Wittenberg getruckt, sollen umb gleichformigkeit willen und weil sie
im churfurstenthumb gehalten, auch gesungen und Muntzerische nachge-
lassen werden"* (Sehling 1, 511; Mehl 49).

Wie man weiß, sind die Messen Müntzers in den Erfurter Kirchenämtern nachgedruckt und sogar durch neue Formulare, die man nach
Müntzers Vorbild angefertigt hatte, bereichert worden. Freilich zeigen
auch diese Erfurter Ämter eine Distanzierung von Müntzers Gedanken,
insofern, als die Geltung des Pfingstformulars, das ursprünglich von
Pfingsten bis Allerheiligen oder gar bis zum ersten Advent gesungen
werden sollte, also fast die Hälfte des Kirchenjahres, durch die neuen
Formulare eingeschränkt wird. Wie lange in Erfurt die dortigen Kirchenämter gebraucht wurden – der letzte datierte Druck erschien 1543[5]
– konnte bisher nicht ermittelt werden. Man weiß noch nicht einmal
genau, ob Justus Menius 1557, als er von der Erfurter Kirchen- und
Gottesdienstordnung spricht, die auf Müntzers Schriften basierenden
Formulare meint, wie dies offenbar Sehling (2, 365) im Anschluß an C.
Martens Schrift *Die Formula visitationis ecclesiae Erfurtensis... 1557*,
Progr. 1897, 9 annimmt.

Für die spätere Zeit kommt hauptsächlich eine noch zahlreiche
Gesänge aus Müntzers *Deutscher Messe* überliefernde Handschrift von
1560 in Betracht (Hb. Qu. Nr. 93).

Ganz für sich steht bisher der Druck *Officia Missae*, Hof 1605, der
in der Literatur viel genannt ist (Hb. Qu. Nr. 166; P. Graff, *Gesch. d.
Auflösung der alten gottesdienstl. Formen*, 2. Aufl. 1, 51; H. Kätzel,
Musikpflege... d. Stadt Hof, 1957, 57) und der insofern eine Sonderstellung einnimmt, als in ihm die Choralmelodien stark bearbeitet, d. h. die
Melismen gekürzt sind (Ch. Mahrenholz in MGG 1, col. 380ff.). Bemerkenswert ist auch die Tatsache, daß dieses ausschließlich den verdeutschten Choral enthaltende Buch gleichzeitig mit einem Druck verwendet wurde, der die Choralmelodien mit lateinischen Texten enthält.
Auch diesen Druck gab der Hofer Drucker Matthäus Pfeilschmidt 1605
heraus (*Libellus continens, Antiphona, Responsoria, Hymnos...*, cf. Hb.
Qu. Nr. 165; Kätzel 57). Als dritter Druck, der die beiden genannten in
willkommener Weise ergänzt, ist 1608 in der gleichen Druckerei ein
Gesangbuch erschienen unter dem Titel *Geistliche Lieder und Kirchengesänge* (erwähnt von Graff l. c. und Kätzel 54, als Nr. 4). Dieser Druck
würde hier nicht erwähnt werden – er enthält ausschließlich Kirchenlieder –, wäre er nicht einige Jahre später mit den Hofer *Officia Missae* zu
einem einzigen einheitlichen Druckwerk verschmolzen worden. Das
durch diese Kombination entstandene neue Buch, das nur von Kätzel

(54, Nr. 5) erwähnt wird, hat den Titel: *Geistliche Lieder D. Martini Lutheri, vnd anderer frommen Christen* ... (1614).

In diesen drei Drucken erscheint zum letzten Male das dreifache Repertoire der protestantischen Kirchengesänge: lateinischer Choral, deutscher Choral und deutsches Kirchenlied. Damit ist zugleich der späteste bisher bekannte Druck vereinzelter Kirchengesänge Müntzers erschlossen. In dem Buch von 1614 sind Luther und Müntzer, der zu den anderen frommen Christen gehört, wie in den späten Erfurter Drucken vereinigt. Der Streit scheint vergessen oder doch wenigstens nicht mehr zu interessieren. Neben den Chorälen Müntzers stehen aber auch anonyme Bearbeitungen Hofer Provenienz, diese wiederum neben (wertlosen) mehrstimmigen Sätzen. (Einige Hymnenübersetzungen Müntzers haben auch in katholische Gesangbücher Eingang gefunden. So wird z. B. „*Gott heilger Schöpfer*", Müntzers Übersetzung von „*Conditor alme syderum*" nach Bäumker 1, 247ff. von 1567 bis 1628, „*Des Königs Panier*", die Übersetzung von „*Vexilla regis prodeunt*" von 1567 bis 1631 [Bäumker 1, 441ff.] und „*Der Heiligen Leben*", die Übersetzung von „*Vita Sanctorum*" von 1567 bis 1608 [Bäumker 1, 554f.] überliefert.)

Die späte handschriftliche Überlieferung Müntzerscher Choralgesänge läßt sich heute noch nicht übersehen. Die Handschrift Göttingen theol. 222[6] enthält in beiden Teilen, dem eigentlichen Liber liturgicus und dem Gesangbuchanhang, je einen Gesang Müntzers: fol. 259' die Übersetzung des *Te Deum* aus den *Kirchenämtern* (Hb. Nr. 502, p. 396) mit einer Variante im Schlußmelisma und fol. 17 des Gesangbuchteils die Übersetzung des Hymnus „*Vita Sanctorum*", dessen Orginalgestalt fol. 231 des Hauptteils zu finden ist.

Einzelne verdeutschte Choralgesänge haben sich sogar bis ins 18. Jahrhundert in protestantischen Gesangbüchern halten können. Der Gesang „*Gott, der da reich ist an Barmherzigkeit*" (Hb. Nr. 276 = Zahn 8622) z. B. – er ist nach Müntzers Vorbild nach der Magnificatantiphon „*Propter minimam, caritatem suam*", freilich nicht nach der Version, die heute im AR p. 29 und im AMH 1, p. 440 steht, gearbeitet und erstmalig im Erfurter Kirchenamt von 1541 erschienen – wurde noch im Leipziger Gesangbuch von 1715 mit hinzugefügtem Generalbaß veröffentlicht und diente in einem Chorsatz einer (unveröffentlichten) Kantate von Johann Ludwig Bach (1677–1731) als Cantus firmus.

XIV.

Um eine umfassende Übersicht über das Repertoire des vorreformatorischen verdeutschten Chorals zu ermöglichen, gebe ich hier einen
vollständigen Catalogue raisonné aller in den Handschriften W und M
nachweisbaren Gesänge unter Ausschluß der gewöhnlichen Offiziumspsalmodie und der einfachen Canticapsalmodie. Diese einfacheren
Arten der Psalmodie werden im unmittelbar anschließenden Abschnitt
dargestellt und alle Formeln in systematischer Folge mitgeteilt. Das
Repertoire erscheint hier in Gruppen gegliedert, so daß die Reihenfolge
der Gesänge dem Brevier entspricht. Innerhalb der einzelnen Gruppen
ist die Reihenfolge der jeweils zugrunde gelegten Handschrift grundsätzlich beibehalten. Das Repertoire ist folgendermaßen gegliedert:

1. *Psalterium Breviarii* (nach W)
2. *Proprium de Tempore et de Sanctis* (nach M)
3. *Liber Hymnorum* (nach W, unter Berücksichtigung des Bestandes
   von M)
4. *Antiphona B.M.V. in fine Officii* (nach M)
5. *Toni Psalmi Invitatorii* (nach W)

Bei allen Gesängen sind die lateinischen Vorlagen im Passauer Brevier von 1499 (= Brev. Pat.) nachgewiesen; außerdem sind die Neudrucke der Choralgesänge genannt, zunächst die heute gebräuchlichen
liturgischen Bücher des weltkirchlichen und benediktinischen Ritus,
dann aber auch die Bände der *Paléographie Musicale* (= Pal.), besonders deren 12. Band, der eine phototypische Reproduktion des monastischen Antiphonars von Worcester enthält. Da indessen die musikalische
Version dieses englischen Antiphonars nicht selten erheblich von der
deutschen abweicht, sind nicht alle Nachweise hier aufgenommen worden. Auf Nachweise aus Handschriften habe ich im allgemeinen verzichtet. Da die liturgische Funktion eines jeden einzelnen Gesanges aus
unserer Übersicht klar ersichtlich ist, kann man leicht in jedem verfügbaren Antiphonar die entsprechenden Gesänge, soweit sie vorhanden
sind, auffinden. Bei den Hymnen habe ich außerdem die Stellen angeführt, wo vorreformatorische Übersetzungen, auch wenn sie ohne Melodie überliefert sind, neu gedruckt vorliegen. Da B. Stäbleins *Monu-*

menta monodica (= Mon.) einen möglichst authentischen, also möglichst frühen Notentext bieten, sind auch andere Hymnenausgaben herangezogen worden. Für unsere Zwecke sind besonders die *Hymni et Sequentiae* des *Melodiarum hungariae medii aevi I* (= Mel. hung.) brauchbar, da hier fast ausschließlich spätmittelalterliche Lesarten geboten werden, noch dazu solche, die aus der näheren Umgebung der Passauer Diözese stammen. Für alle weiteren Abkürzungen und Vergleichsquellen verweise ich auf die Bibliographie raisonnée.

1.

[Fol. 1] Hie hebt sich an der Psalter czw der metten vnd vespern vnd allen tagczeitten czw den gemain tägen durich dis gancz Jar. Von erst an dem Suntag czw der metten. So hebt die Singerin an als am anfanck stet die rubricken: Von der heiligen driualtigkäit: Das ist das Invitatorium, der Ladsangk.

[*Dominica. Ad Matutinum.* W fol. 1; Brev. Pat. fol. 17; K. Nr. 200, p. 236f.]

Inv. Ein chunig grossen, pitt wir an den herren. Venite [hier folgt die Invitatorialpsalmodie fol. 259'] = Regem magnum: Adoremus Dominum [CAO 1134]

[*In I. Nocturno.* Fol. 1–10'; Brev. Pat. fol. 17–21']

1. Ant. Dienet dem Herren = Servite Domino [zu Ps. i–vi; cf. Pal. 12, 64; AMH 117; CAO 4876]

2. Ant. Herre got meiner, in dich habe ich gehoffett = Domine Deus meus in te speravi [zu Ps. vii–x; cf. Pal. 12, 66; CAO 2334]

3. Ant. Siech vnd erhör mich herr mein gott = Respice et exaudi me Domine Deus meus [zu Ps. xi–xiv; CAO 4623]

Darnach der ander Nocturn in der Metten antiffen [fol. 10'–15'; Brev. Pat. fol. 21'–24]

1. Ant. Meiner guttat pedarffst du nicht... = Bonorum meorum non indiges... [zu Ps. xv; cf. AMH 175, abweichend; CAO 1742]

2. Ant. Nayge here dein ore mir vnd erhör meine wart = Inclina Domine aurem tuam mihi et exaudi verba mea [zu Ps. xvi; CAO 3314]

3. Ant. Es lebet der Herre vnd die gesegent got meines hailes = Vivit Dominus, et benedictus Deus salutis meae [zu Ps. xvii; cf. AMH 186; CAO 5480]

Darnach geet die dritte Nocturn auff die psalm. [Fol. 15'–18; Brev. Pat. fol. 24–25]

1. Ant. Die Werche (worich) deiner hende chundet das firmament = Opera manuum tuarum, Domine... [zu Ps. xviii; nicht CAO 4159]

2. Ant. Erhöre dich der Herre in dem tag des truebsals = Exaudiat te
Dominus in die tribulationis [zu Ps. xix; CAO 2773]
3. Ant. Herre in deiner krafft frewt sich der chünig = Domine in virtute
tua laetabitur rex [zu Ps. xx; CAO 2349]

... czw der Laudes Metten [fol. 18–19'; Brev. Pat. fol. 25–28', cf. fol. 33]
1. Ant. Angelegt ist der Herr mit stercke ... = Indutus est Dominus
fortitudinem ... [zu Ps. xcii]
2. Ant. Erhebet hat vns der Herr das hören alleluia ... = Erexit nobis
Dominus cornu salutis ... [zu Cant. Zach.; CAO 2666]

Zw der preym an dem Suntag hebt man als vor; darnach der Ymnus
‚Ytz czu des liechten Sterne schein‘ [hier ohne Noten; einzufügen ist
der Hymnus Nr. 54, 55, 62, 66 oder 70; s. u.]
Ant. Erledig vns got ysrahel von allen vnsern angsten = Libera nos
Deus Israel: ex omnibus tribulationis nostris [zu Ps. xxi–xxv; K. p.
237, Anm. 1266: „in Passau ein Unikat"]

Fferia secunda, das ist am Mantag die Metten. [Fol. 24–38'; Brev. Pat.
fol. 42–48'; K. Nr. 201, p. 238]
Inv. Chomet und vrolock von dem Herren = Venite exultemus Domino
[hier ist ausnahmsweise der übliche Invitatoriumspsalm xciiii ausgeschrieben; CAO 1179]
1. Ant. Der Herre ist ein retter meines lebens = Dominus defensor vitae
meae [zu Ps. xxvi, xxvii; cf. Pal. 12, 61; CAO 2404]
2. Ant. Anpett den herren in seinem heiligen sall = Adorate Dominum
in aula sancta eius [zu Ps. xxviii, xxix; cf. Pal. 12, 61, 54; AMH 1,
464; CAO 1290]˙
3. Ant. In deiner Gerechtigkait erlöse mich herre = In tua iustitia libera
me, Domine [zu Ps. xxx, xxxi; cf. Pal. 12, 61; CAO 3300]
4. Ant. Die gerechten czymbt (rechten czymmet) mitlobung = Rectos
decet collaudatio [zu Ps. xxxii, xxxiii; cf. Pal. 12, 63; CAO 4580]
5. Ant. Ausrechte mich an vechten = Expugna inpugnantes me [zu Ps.
xxxiv, xxxv; cf. Pal. 12, 63; CAO 2801]
6. Ant. Offen dem Herren deinen weg = Revela Domino viam tuam [zu
Ps. xxxvi, xxxvii; CAO 4643]

Czw der laudes metten [fol. 39–40; Brev. Pat. fol. 48'–49']
1. Ant. Nach deiner grossen permherczigkait = Secundum magnam misericordiam [zu Ps. l; cf. Pal. 12, 65; AMH 1, 494; AR 348; CAO
4845]

2. Ant. Verstee mein geschraye = Intellige clamorem meum [zu Ps. iii; cf. Pal. 12, 64; AMH 112; CAO 3359]

3. Ant. Gott, got meiner, czw dir... = Deus deus meus ad te de luce vigilo [zu Ps. lxii; cf. Pal. 12, 74; AMH 488; AR 342; CAO 2169]

4. Ant. Pechert ist [hier ist nur der Anfang der Ant. vor dem *Cant. Jes.*-Vers notiert] = Conversus est furor tuus... [cf. Pal. 12, 64; AMH 112; AR 76; CAO 1918]

5. Ant. In den Hohen lobet gote = In excelsis laudate Deum [zu Ps. cxlviii; cf. Pal. 12, 64; AR 349; CAO 3232]

6. Ant. Gesegent sey got ysrahell = Benedictus Deus Israel [zu *Cant. Zach.*; CAO 1717]

Am Eritag zw der metten [= *Feria III.* Fol. 40–54; Brev. Pat. fol. 51-56; K. Nr. 202, p. 238f.]

Inv. Iubilir wir got vnserm hayler = Iubilemus deo salutari nostro [hier ist abermals der Invitatorialpsalm mit Melodie ausgeschrieben; er ist für alle folgenden Tage, samt Melodie, verbindlich; cf. Pal. 12, 65; CAO 1095]

1. Ant. Das ich nicht sunde in meiner czunge = Ut non delinquam in lingua mea [zu Ps. xxxviii, xxxix; cf. Pal. 12, 64; CAO 5294]

2. Ant. Ich han gesprochen Herre, erparm dich vber mich = Ego dixi Domine [nach K. p. 238, Anm. 1270 in Salzburg üblich; Brev. Pat hat die übliche Ant. „Sane, Domine... ", CAO 4694, zu Ps. xl, xli; CAO 2571]

3. Ant. Ausgesprochen hat mein hercz ein gutes warte = Eructavit cor meum verbum bonum [zu Ps. xliii, xliv; cf. Pal. 12, 64; CAO 2673]

4. Ant. Ein peschermer in den truebsalen = Adiutor in tribulationibus [zu Ps. xlv, xlvi; cf. Pal. 12, 65; CAO 1278]

5. Ant. Mit den orn vernembt ir die da wonend in dem Kraiß = Auribus percipite qui habitatis orbem [zu Ps. xlvii, xlviii; cf. Pal. 12, 65; CAO 1533]

6. Ant. Got der gotter herre hat geredt; vnd hat gerüfft dem erdreich = Deus deorum dominus locutus est: et vocavit terram [zu Ps. xlix, li; cf. Pal. 12, 65; cf. CAO 2168]

Laudes Metten [fol. 54–55; Brev. Pat. 56–56']

1. Ant. Fürbas wasche mich Herr = Amplius lava me [zu Ps. l; cf. Pal. 12, 67; AMH 146; AR 130; CAO 1390]

2. Ant. Haill meines [hier nur dieser Ant.-Anfang vor dem ersten Vers des Ps. xlii] = Salutare vultus mei Deus meus [zu Ps. xlii; cf. Pal. 12, 65; AMH 129; AR 107; CAO 4683]

62

3. Ant. Zu dir von dem liecht... = Sitivit in te anima mea [zu Ps. lxii; cf. Pal. 12, 437; AMH 2, 628; AR 302, (169); CAO 4973]
4. Ant. Alle täg vnsers lebens... = Cunctis diebus vitae nostrae... [zu *Cant. Ezechie*; cf. Pal. 12, 65; AMH 130; CAO 2079]
5. Ant. Alle sein engell lobent den Herrn = Omnes angeli eius laudate Dominum [zu Ps. cxlviii; cf. Pal. 12, 79; AMH 130 u. 1, 501; AR 354; CAO 4116]
6. Ant. Erhebt hat der Herre vns... = Erexit Dominus nobis... [zu *Cant. Zach.*; cf. Pal. 12, 65; AR 110; s. o. *Dom. ad Laud.* Ant. vi.; CAO 2664]

Am Mittichen [= *Feria IV. Ad Matutinum.* Fol. 56–67'; Brev. Pat. fol. 57–62; K. Nr. 203, p. 239f.]
[Invitat. fehlt hier; wahrscheinlich soll das Inv. der *Feria III.* auch hier gesungen werden; in Brev. Pat. fol. 57 steht: „*In manu tua domine. Omnes fines terre*"; cf. Brev. Linc. p. 87; CAO 1087]
1. Ant. Der Herr pecheret die vancknüß seines volckes = Avertit Dominus captivitatem plebis suae [zu Ps. lii–liv; cf. Pal. 12, 65; CAO 1549]
2. Ant. Wenn in dich getrawet... = Quoniam in te confidit anima mea [zu Ps. lv, lvi; cf. Pal. 12, 65; AMH 129; CAO 4568]
3. Ant. Rechtleichen richtet ir Menschen chinder = Iuste iudicate filii hominum [zu Ps. lvii, lviii; cf. Pal. 12, 65; CAO 3533]
4. Ant. Gib vns Herr hilffe... = Da nobis Domine auxilium de tribulatione [zu Ps. lix, lx; cf. Pal. 12, 66; CAO 2089]
5. Ant. Von der vorichte des veintes... = A timore inimici eripe Domine animam meam [zu Ps. lxi–lxiv, in Brev. Pat. und Brev. Linc. fehlen die Ps. lxii und lxiv; cf. Pal. 12, 67; AMH 146; CAO 1196]
6. Ant. In den chirchen wolsprecht dem Herren = In ecclesiis benedicite Domino [zu Ps. lxv–lxvii; in Freising, Salzburg und Regensburg, cf. K. p. 239, Anm 1272; in Brev. Pat. und Brev. Linc. fehlt Ps. lxvi; cf. Pal. 12, 66; CAO 3230]

Darnach gett die Laudes Metten antiffenn [fol. 68–69'; Brev. Pat. fol. 62–63]
1. Ant. Dir allaine hab ich geredt... = Tibi soli peccavi, Domine, miserere mei [zu Ps. l; cf. Pal. 12, 68; AMH 158; AR 150; CAO 5150]
2. Ant. Dir czymbt lob, got in syon = Te decet hymnus, Deus in Syon [zu Ps. lxiv; cf. Pal. 12, 67; AMH 146; AR 126; CAO 5115]
3. Ant. Mein lebs die lobent dich in meinem lebin, mein got = Labia mea laudabunt te in vita mea Deus meus [zu Ps. lxii; cf. AMH 1, 526; CAO 3557]

4. Ant. Gefrolockt hat sich mein hercz in den Herren ... = Exultavit cor meum in Domino [zu *Cant. Annae*; cf. AR 131; CAO 2816]
5. Ant. Die hymel der hymell lobet gote = Coeli coelorum laudate Deum [zu Ps. cxlviii–cl; cf. Pal. 12, 65; AMH 147; CAO 1836]
6. Ant. Haylle von vnsern veinten... = Salvete ex inimicis... [zu *Cant. Zach.*; CAO 4684]

Am phincztag [= *Feria V. Ad Matutinum*. Fol. 69'–84; Brev. Pat. fol. 63–70'; K. Nr. 204, p. 240]
Inv. Pitt wir an den Herren... = Adoremus Dominum. Quoniam ipse fecit nos [dazu der Psalm der *Feria III.*; cf. Pal. 12, 67; CAO 1011]
1. Ant. Herre got zw meiner hilff tue pesehen = Domine Deus in adiutorium meum intende [zu Ps. lxviii, lxix; cf. Pal. 12, 66; CAO 2330]
2. Ant. Pis mir herre zw got einem peschiermer = Esto mihi Domine in Deum protectorem [zu Ps. lxx, lxxi; CAO 2681]
3. Ant. Erlöset hast die gerten deines Erbteils = Liberasti virgam hereditatis tuae (Domine) [zu Ps. lxxii, lxxiii; cf. Pal. 12, 67; CAO 3620]
4. Ant. Vnd wir werden anrueffen deinen Namen = Et invocabimus nomen tuum (Domine) [zu Ps. lxxiv, lxxv; CAO 2709]
5. Ant. Du bist got der du thust wunder = Tu es Deus qui facis mirabilia [zu Ps. lxxvi, lxxvii; cf. Pal. 12, 67; CAO 5203]
6. Ant. Pis genedig vnnserm sundern herre = Propitius esto peccatis nostris, Domine [zu Ps. lxxviii, lxxix; cf. Pal. 12, 67; CAO 4394]

Zw der Laudes Metten geleich als vor. [Fol. 84'–86; Brev. Pat. fol. 70'–72]
1. Ant. Ab cher deinen Anplick = Averte faciem tuam [zu Ps. l; CAO 1548]
2. Ant. Herre, ein czwflucht pist du vns worden = Domine refugium factus es nobis [zu Ps. lxxxix; cf. Pal. 12, 68; AMH 159; AR 145; CAO 2373]
3. Ant. In den metten Herre, wird ich gedencken in dich = In matutinis, Domine, meditabor in te [zu Ps. lxii; cf. Pal. 12, 82; AMH 1, 535; CAO 3252]
4. Ant. Ewigcleich der Herre reichsent... = In aeternum Dominus regnabit et ultra [zu *Cant. Moysi*; cf. Pal. 12, 68; CAO 3203]
5. Ant. In seinen heiligen lobet gote = In Sanctis eius, laudate Deum [zu Ps. cxxxviii–xl; cf. Pal. 12, 68; AMH 159; CAO 3282]
6. Ant. In hailigkait diene wir dem herren... = In sanctitate serviamus Domino, et liberabit nos de inimicis nostris [zu *Cant. Zach.*; cf. AMH 160; AR 149; CAO 3285]

64

Am Freytag [= *Feria VI. Ad Matutinum.* Fol. 86–100; Brev. Pat. fol. 72–77'; K. Nr. 205, p. 240f.]

Inv. Denn Herren, der vns gemacht hat = Dominum qui fecit nos [zum gewöhnlichen Invitatorialpsalm, xciv, mit Melodie zu *Feria III.*; cf. Pal. 12, 69; CAO 1066]

1. Ant. Vrolocket got vnserm helffer = Exsultate Deo adiutori nostro [zu Ps. lxxx, lxxxi; cf. Pal. 12, 68; CAO 2814]

2. Ant. Du allain der öberist v̈ber alles erdreich = Tu solus altissimus super omnem terram [zu Ps. lxxxii, lxxxiii; cf. Pal. 12, 68; CAO 5219]

3. Ant. Du hast gesegent herr dein erdreich = Benedixisti, Domine, terram tuam [zu Ps. lxxxiv, lxxxv; cf. Pal. 12, 68; CAO 1733]

4. Ant. Sein gruntvesten ist in heiligen pergen = Fundamenta eius in montibus sanctis [zu Ps. lxxxvii, lxxxviii; CAO 2911]

5. Ant. Gesegent ist der Herr ewigkleich = Benedictus Dominus in aeternum [zu Ps. lxxxviii–xciii; Brev. Pat. hat nur Ps. lxxxviii und xciii, was wohl richtiger ist, andere Breviere, etwa Brev. Linc. p. 113ff., außer den beiden genannten noch Ps. xciiii, was aber auch kaum sinnvoll ist, da der Psalm ja täglich zum Inv. gesungen wird; cf. Pal. 12, 49; CAO 1721]

6. Ant. Singet dem Herren einen newen sangkh = Cantate Domino canticum novum [zu Ps. xcv, xcvi; cf. Pal. 12, 67, 13; AMH 1, 355; CAO 1762]

Darnach die Laudes Metten [fol. 100–101'; Brev. Pat. fol. 77'–79]

1. Ant. Mit dem fürstenn geist pestet mein hercze got = Spiritu principali confirma cor meum, Deus [zu Ps. l; bekannte Antiphon, die in Brev. Pat. durch „*Redde mihi leticiam salutaris tui domine*", CAO 4582, in Brev. Linc. p. 117 durch „*Sacrificium deo spiritus contribulatus*", CAO 4678, ersetzt ist; cf. AMH 169 und K. p. 241 Anm.; CAO 4994]

2. Ant. In deiner werhäit erhör mich in deiner gerechtigkäit = In veritate tua exaudi me, Domine [zu Ps. cxlii; cf. Pal. 12, 70; AMH 180; CAO 3309]

3. Ant. Erleuchte herre deinen Anplick v̈ber vns = Illumina Domine vultum tuum super nos [zu Ps. lxii; cf. AR 107; CAO 3182]

4. Ant. Herr, ich han gehöret dein Hören = Domine audivi auditum tuum (et timui) [zu *Cant. Abacuc*; cf. Pal. 12, 69; AMH 169; CAO 2326]

5. Ant. In der pawcken vnd chören in saitten vnd orgeln lobet den Herren = In tympano et choro, in chordis et organo, laudate Dominum [zu Ps. cxlviii–cl; cf. Pal. 12, 69: „*In psalterio*... "; AMH 170 u. 1, 495; CAO 3303]

6. Ant. Durich der in wendigen permherczigkäit vnsers gotes... = Per viscera misericordie Dei nostri in quibus visitavit nos oriens ex alto [zu *Cant. Zach.*; cf. AMH 171; AR 170; CAO 4270]

Am Sambstag [*Sabbato. Ad Matutinum.* Fol. 102–116; Brev. Pat. fol. 79'–88'; K. Nr. 206, p. 241]

Inv. Dem herrn vnsern got = Dominum Deum nostrum [zu ergänzen der Invitatorialpsalm mit der Melodie der *Feria III.*; cf. Pal. 12, 70; CAO 1064]

1. Ant. Wenn der Herr hat wunder gemacht = Quia mirabilia fecit, Dominus [zu Ps. xcvii, xcviii; cf. Pal. 12, 69; CAO 4511]

2. Ant. Iubiliret got alles erdreich = Iubilate Deo omnis terra [zu Ps. xcix, c; cf. Pal. 12, 69; CAO 3508]

3. Ant. Mein geschraye chome czw dir = Clamor meus ad te veniet (Deus) [zu Ps. ci, cii; cf. Pal. 12, 70; CAO 1825]

4. Ant. Woll sprich mein sell dem herrenn = Benedic anima mea, Domino [zu Ps. ciii, civ; cf. Pal. 12, 70; CAO 1682]

5. Ant. Haymsuch vns herre in deinem hayle = Visita nos, Domine, in salutari tuo [zu Ps. cv, cvi; cf. Pal. 12, 70; CAO 5471]

6. Ant. Ich will dem Herren veriehen gar vill in meinem Herczen = Confitebor Domino nimis in ore meo [zu Ps. cvii, cviii; Pal. 12, 70; CAO 1874]

Darnach zw der Laudes Mettenn als vor vber die psalm antiffenn [fol. 116–117'; Brev. Pat. fol. 86'–88']

1. Ant. Gutleichen tue in deinem gueten willen here = Benigne fac in bona voluntate tua, Domine [zu Ps. l; cf. AMH 175; AR 191; CAO 1736]

2. Ant. Es ist gut czw ueriehen dem herren = Bonum est confiteri Domino [zu Ps. xci; cf. Pal. 12, 69; AMH 169; CAO 1744]

3. Ant. Furichten den Herren alle end des erdreichs = Metuant Dominum omnes fines terrae [zu Ps. lxii; CAO 3749]

4. Ant. Vnd in seinen chnechten der Herr wirt sich erparmen = Et in servis suis, Dominus miserebitur [zu *Cant. Moysi Deuteronomii* xxxii cap.; cf. Pal. 12, 70; CAO 2705]

5. Ant. In den czymbeln die da wol laut tund sind lobet got = In cimbalis bene sonantibus, laudate Deum [zu Ps. cxlviii–cl; cf. Pal. 12, 70; AMH 131; CAO 3218]

6. Ant. Pis erleuchtund herre die in der vinsternüs siczent ... = Illuminare Domine his qui in tenebris sedent et dirige pedes nostros in viam pacis Deus Israel [zu *Cant. Zach.*; Pal. 12, 70: *„Illumina Domine ... "*, desgl. viele andere Breviere; AMH 182; CAO 3184]

Hie hebent sich an all vesper zw den gemain tëgen durich das gancz Jar. Vnd von Erst vom dem Suntag. Vnd hebt die Singerin an als vor. [Fol. 118'–122; Brev. Pat. fol. 88'–90: *Dominica Die. Ad Vesperas*; K. p. 237, mit 7 Antiphonen]

1. Ant. Sitze czw meiner seitenn ... = Sede a dextris meis dixit Dominus Domino meo [zu Ps. cix; cf. Pal. 12, 63, 109; CAO 4853]

2. Ant. Getrew sind alle seine gepotenn = Fidelia omnia mandata eius, confirmata in saeculum saeculi [zu Ps. cx; cf. Pal. 12, 63; AMH 102; CAO 2865]

3. Ant. In seinen gepoten will er sein gar vill = In mandatis eius volet nimis [zu Ps. cxi; cf. AMH 103; CAO 3251]

4. Ant. Sey der namen des herrenn gesegent ymmer ewigcleich = Sit nomen Domini benedictum in saecula [zu Ps. cxii; Brev. Pat. hat hier die Ant. *„Excelsus super omnes gentes, Dominus "*, CAO 2774; cf. AMH 104; AR 47; CAO 4971]

5. Ant. Das Haws iacob von dem pouell der Haydenn = Domus Iacob de populo barbaro [zu Ps. cxiii, zur Auswahl mit der nächsten Ant.; cf. Pal. 12, 64; CAO 2427]

6. Ant. Wir, die da leben, woll spreche wir dem herrenn = Nos qui vivimus benedicimus Domino [zu Ps. cxiii, zur Auswahl mit der vorigen Ant.; cf. AMH 123; CAO 3960; Brev. Pat. hat ebenfalls beide Ant.; Brev. Linc. nur Ant. *„Nos qui ... "*, die überhaupt weiter verbreitet ist.]

Am Mantag zw der vesper [*Feria II. Ad vesperas.* Fol. 122'–133; Brev. Pat. fol. 90–91; K. p. 238]

1. Ant. Genaiget hat der herre sein ore mir = Inclinavit Dominus aurem suam mihi [zu Ps. cxiv; cf. Pal. 12, 64; AMH 125; CAO 3319]

2. Ant. Ich han gelawbet, durich des willen hab ich geredt = Credidi propter quod locutus sum [zu Ps. cxv; cf. Pal. 12, 64; AMH 126; CAO 1944]

3. Ant. Lobet den Herren alle haydenn = Laudate Dominum omnes
gentes [zu Ps. cxvi; cf. AMH 113 u. 1, 489; AR 72; CAO 3586]
[Hier folgt in der Handschrift die Übersetzung der Psalmen cxvii und
cxviii, fol. 124–132, die nicht zum Formular der Montagsvesper gehören. Sie stehen im Brev. Pat. auf den fol. 30'–41.]

4. Ant. Ich schraye vnd er erhöret mich = Clamavi et exaudivit me [zu
Ps. cxix; cf. AMH 136; CAO 1824]

5. Ant. Mein hilffe ist von dem herren = Auxilium meum a Domino [zu
Ps. cxx; cf. AR 100; CAO 1536]

Am Eritag zw der vesper vber die psalm antiffen [*Feria III. Ad Vespe-*
ras. Fol. 133–136; Brev. Pat. fol. 92–93; K. p. 239]

1. Ant. In das haws des herren ... = In domum Domini laetantes ibimus
[zu Ps. cxxi; CAO 3229]

2. Ant. Der du wonst in den hymeln ... = Qui habitas in coelis, miserere
nobis [zu Ps. cxxii; cf. Pal. 12, 66; AMH 138; AR 119; CAO 4473]

3. Ant. Vnser hilff in dem namen des Herren = Adiutorium nostrum in
nomine Domini [zu Ps. cxxiii; AR 120; CAO 1279]

4. Ant. Woll thue herre den güten vnd den gerechten des herczenn = Be-
nefac, Domine, bonis et rectis corde [zu Ps. cxxiv; CAO 1735]

5. Ant. Wir sein worden als die getrostenn = Facti sumus sicut consolati
[zu Ps. cxxv; cf. Pal. 12, 66; CAO 2839]

Am Mittichen zw der vesper [*Feria IV. Ad Vesperas.* Fol. 136–138';
Brev. Pat. fol. 93–94; K. p. 240]

1. Ant. Nur du, Herre, peschaldest vns ... = Nisi tu Domine servabis
nos in vanum vigilant oculi nostri [zu Ps. cxxvi; CAO 3885]

2. Ant. Selig sind alle die da fürichtent den Herren = Beati omni qui
timent Dominum [zu Ps. cxxvii; cf. AMH 140; AR 139; CAO 1587]

3. Ant. Wir habin euch gesegent in dem namen des Herren = Benedixi-
mus vobis in nomine domini [zu Ps. cxxviii; CAO 1739]

4. Ant. Von den tieffen schrray ich czu dir, Herr = De profundis clamavi
ad te, Domine [zu Ps. cxxix; cf. Pal. 12, 66; AMH 141; AR 140; CAO
2116]

5. Ant. Hoffet ysrahell in den Herren = Speret israel in Domino [zu Ps.
cxxx; cf. Pal. 12, 66; AMH 141; CAO 4990]

Am phincztag zw der Vesper die hernach geschrieben antiffen [*Feria V.*
Ad Vesperas. Fol. 138'–142'; Brev. Pat. fol. 94–96; K. p. 240]

1. Ant. Vnd aller senfftmüdigkäit = Et omnis mansuetudinis eius [zu Ps.
cxxxi; cf. Pal. 12, 66; AMH 142; CAO 2713]

68

2. Ant. Wanen prueder in aynung = Habitare fratres in unum [zu Ps. cxxxii; cf. Pal. 12, 66; CAO 2988]

[Hierauf folgt ohne liturgische Notwendigkeit die Übersetzung von Ps. cxxxiii]

3. Ant. Alle die der Herr wolt hat er gemacht = Omnia quaecumque voluit, Dominus fecit [zu Ps. cxxxiv; cf. Pal. 12, 67; AMH 151; CAO 4139]

4. Ant. Wenne ewigcleich ist sein parmherczigkait = Quoniam in aeternum misericordia eius [zu Ps. cxxxv; cf. Pal. 12, 67; AMH 153; CAO 4567]

5. Ant. Singt vns den lobsangk von den liedern syon = Hymnum cantate nobis de canticis Sion [zu Ps. cxxxvi; AMH 154; CAO 3151]

Am freytag zw der vesper antiffenn [*Feria VI. Ad Vesperas.* Fol. 142′–147; Brev. Pat. fol. 96–97′; K. p. 241]

1. Ant. In dem anplick der engell psallir ich dir mein gott = In conspectu Angelorum psallam tibi, Deus meus [zu Ps. cxxxvii; cf. Pal. 12, 67, 384; AMH 155; CAO 3215]

2. Ant. Herre, du hast mich pewert vnd hast mich erchant = Domine probasti me et cognovisti me [zu Ps. cxxxviii; Pal. 12, 68; AMH 163; AR 179; CAO 2367]

3. Ant. Von ein snöden manne erlöss mich herr = A viro iniquo, libera me, Domine [zu Ps. cxxxix; cf. Pal. 12, 68; AMH 165; CAO 1197]

4. Ant. Herr, ich schray czw dir, erhör mich = Domine clamavi ad te, exaudi me [zu Ps. cxl; cf. Pal. 12, 68; AMH 166; AR 182; CAO 2328]

5. Ant. Mein taill Herre sey in dem erdreich der lembtigen = Portio mea, Domine, sit in terra viventium [zu Ps. cxli; cf. Pal. 12, 70; AMH 175; CAO 4316]

Am Sambstag zw der vesper antiffenn [*Sabbato. Ad Vesperas.* Fol. 147′–152; Brev. Pat. fol. 97–99′; K. p. 241]

1. Ant. Gesegent ist der Herre mein got = Benedictus Dominus, Deus meus [zu Ps. cxliii; cf. Pal. 12, 70; AMH 176; AR 75; CAO 1720]

2. Ant. Ewigcleichen vnd in die welt der welt = In aeternum et in saeculum saeculi [zu Ps. cxliv; cf. Pal. 12, 70; CAO 3204]

3. Ant. Ich lobe meinen gott in meinem lebin = Laudabo Deum meum in vita mea [zu Ps. cxlv; cf. Pal. 12, 60; AMH 187; AR 127; CAO 3583]

4. Ant. Vnnserm gotte wunsam sey die lobung = Deo nostro iocunda sit laudatio [zu Ps. cxlvi; cf. Pal. 12, 60; AMH 188; AR 147; CAO 2148]

5. Ant. Woll gesprochen hatt er denen sünen in dir = Benedixit filiis tuis
in te [zu Ps. cxlvii; CAO 1734]

[Hier folgen noch die Übersetzungen der *Cantica*: Ps. cxlviii, fol. 152;
Cant. Ysaie, fol. 153; *Cant. Ezech.*, fol. 153'; *Cant. Annae*, fol. 154'; *Cant.
Moise* fol. 155; *Cant. Abacuc*, fol. 156; *Cant. Moise deut.*, fol. 157'; *Cant.
trium puer.*, fol. 160; *Simb. Athan.*, fol. 161; *Cant. Ambrosii et Augusti-
ni = Te Deum*, fol. 163; *Cant. Zach.* fol. 164. Fol. 164' Expl.]

2.

[*Proprium de Tempore et de Sanctis*]

Am Heiligen Abent zw der Vesper antiffen [Brev. Pat: „*In sancta nocte ad vesperas antiphona*"; *In Vigilia Nativitatis Domini. Ad Vesperas.* M fol. 1–2′; Brev. Pat. fol. 189–189′; Ant. Pat. fol. 8–9; K. Nr. 33, p. 174 ff. (Ant.), 262 f. (Resp.), zus. das vollständige Weihnachtsformular]

1. Ant. Ivdea vnd ierusalem, furicht euch nicht . . . = Iudaea et Ierusalem, nolite timere . . . [cf. AMH 1, 378; AR 255; LU 458; CAO 3511]
2. Ant. Das haill der welt wirt ausgeen als die sunn . . . = Orietur sicut sol salvator mundi . . . [cf. AMH 1, 380; AR 257; CAO 4195]
3. Ant. So die sunn wirt auff geen von hymell . . . = Dum [Cum] ortus fuerit sol de coelo . . . [cf. AMH 1, 386; AR 262; LU 367; ON 14; CAO 2462]
4. Ant. Frew dich vnd frolockh jerusalem . . . = Gaude et laetare Ierusalem . . . [cf. Gött. theol. 224 fol. 13′; CAO 2922]
5. Ant. Bethlehem, du pist nicht die klainist vntter dem fürstentumb juda . . . = Bethleem non es minima in principibus iuda . . . [cf. Gött. theol. 224 fol. 13′; CAO 1737]

Resp: Iudea vnd ierusalem, furicht euch nicht . . . V. Seit stett, dann so wert ir sehen . . . = Iudaea et Ierusalem, nolite timere . . . V. Constantes estote videbitis . . . [cf. PM 25; Gött. theol. 224 fol. 13′; CAO 7040]

Ant. ad Magn. Als maria ein muter ihesu was . . . = Cum esset desponsata mater Iesu Maria . . . [cf. Gött. theol. 224 fol. 14; CAO 2000]

Zu der Complet [*Ad Completorium.* M fol. 2′; Brev. Pat. fol. 189′]
Ant. ad Cant. Sim. Jsrahell sey perait . . . = Paratus esto Israel . . . [CAO 4217; cf. AR 244; Gött. theol. 224 fol. 11′; diese Antiphon steht nur in wenigen Brevieren an dieser Stelle; meist wird hier die 5. Vesperantiphon wiederholt, cf. Brev. Linc. p. 212]

[*In Die Nativitatis Domini*] Darnach zu der metten [*Ad Matutinum.* M fol. 2′; Brev. Pat. fol. 189′; Ant. Pat. fol. 9–9′]

Inv. Cristus ist vns geporn. Chumpt vnd pitt wir an. Venite = Christus natus est nobis. Venite adoremus. Venite [als Melodie des Invitatorialpsalms ist zu ergänzen: W. fol. 258ff.; cf. AMH 1, 387; LR 54; ON 30; LU 368; CAO 1055]

Im ersten Nocturn [In I. Nocturno. M fol. 2'–4'; Brev. Pat. fol. 189'–190; Ant. Pat. fol. 9'–11]

1. Ant. Der Herr hat gered zu mir: du pist mein sun ... = Dominus dixit ad me: Filius meus es tu ... [cf. AMH 1, 390; LR 55; ON 34; LU 371; CAO 2406]

2. Ant. Der Herr ist her komen als ein prewtigan von seim sall = Tamquam sponsus Dominus procedens de thalamo suo [cf. AMH 1, 390; LR 55; ON 36; LU 372; CAO 5101]

3. Ant. Die genad ist ausgeprait in dem lebsenn ... = Diffusa est gratia in labiis tuis ... [cf. AMH 1, 391; LR 56; ON 38; LU 373; CAO 2216]

1. Resp. Hewt ist vns geparn der kunig der himel aus der junckhfraw ... (V.) Lob sey got in der höch ... = Hodie nobis coelorum Rex de Virgine nasci dignatus est ... V. Gloria in excelsis Deo ... [cf. AMH 1, 394 hat eine andere Mel.; LR 56; ON 41; LU 375; CAO 6858]

2. Resp. Hewt ist vns komen von hymell ein warer frid ... (V.) Lob sey gott in der höch ... = Hodie nobis de coelo pax vera descendit ... (V.) Gloria ... [cf. LR 57; ON 43; LU 376; CAO 6859]

3. Resp. Er ist abgestigen vonn den hymeln ... (V.) Als ein prewtigan ist der herr gangen aus seim sall = Descendit de coelis Deus verus ... V. Tamquam sponsus Dominus procedens de thalamo suo [cf. LR 59, CAO 6410; beide mit kürzerer Doxologie, da sie, gemäß der Benediktinerliturgie, nicht am Ende einer Nocturn stehen; der Hs M entsprechen aber die alten Hss, etwa Gött. theol. 224 fol. 14']

Im andern Nocturn [In II. Nocturno. M fol. 4'–6; Brev. Pat. fol. 190–190'; Ant. Pat. fol. 11–12]

1. Ant. Got wirt haben dem parmherczigkait emphangen in denn tempel = Suscepimus, Deus, misericordiam tuam in medio templi tui [cf. AMH 1, 391; LR 56; ON 46; LU 378; CAO 5084]

2. Ant. In den tagen des Herren wirt entspringen genugsamkait des frieds vnd er wird herschen = Orietur in diebus Domini abundantia pacis, et dominabitur [cf. AMH 1, 391; LR 56; ON 46; LU 379; CAO 4194]

3. Ant. Die warhäit ist ausgangen von dem erdreich ... = Veritas de terra orta est, ... [cf. AMH 1, 400; alle anderen Neuausgaben, LR 60, ON 50 und LU 380, haben eine andere Mel.; CAO 5368]

4. Resp. Sagt vns ir hertter wenn habt ir gesehenn ... (V.) Sagt vns ewr gesicht vnd verkundt vns die gepurd cristi = Quem vidistis, pastores? dicite, annunciate nobis, ... V. Dicite, quidnam vidistis? et annunciate Christi nativitatem [cf. LR 58; ON 45; LU 377; CAO 7470]

5. Resp. O grosse gehaym vnd ein gar wunderleichs sacrament ... (V.) Herr ich hab gehort dein wort ... = O magnum mysterium, et admirabile sacramentum ... V. Domine, audivi auditum tuum ... [cf. LR 61; ON 53; LU 382; alle haben einen anderen Versus-Text; „Ave, Maria ... “; Brev. Pat. und Brev. Linc. p. 214 haben den M zugrunde liegenden Text; CAO 7274]

6. Resp. Maria, ein selige gepererin gots ... (V.) Ein selige vnd erwirdige iunckfraw ... = Beata Dei genitrix Maria ... V. Beata et venerabilis es virgo ... [in allen Neuausgaben anderer Vers: „Beata quae credidit“ und abweichende Melodie: LR 61; ON 53; LU 383; richtige Mel. und Text nur in Hss: Gött. Theol. 224 fol. 15'; CAO 6162]

Im dritten Nocturn [In III. Nocturno. M fol. 6–8'; Brev. Pat. fol. 190'–191'; Ant. Pat. fol. 12–13']

1. Ant. Er wirt mich anrüeffn vnd nennen alleluia ... = Ipse invocabit me, alleluia ... [cf. AMH 1, 400; LR 60; ON 57; LU 384; CAO 3402]

2. Ant. Frewn sich die himel vnd frolockt das erdreich ... = Laetentur coeli, et exsultet terra ... [cf. AMH 1, 400; LR 60; ON 62; LU 387; CAO 3567]

3. Ant. Der Herr hat kundt tan alleluia, sein haill alleluia = Notum fecit Dominus, alleluia, salutare suum, alleluia [cf. AMH 1, 401; LR 61; ON 64; LU 388; CAO 3964]

7. Resp. O heilige vnd vngemailigtew Junckfrawschafft ... (V.) Du pist gesegent v̈ber all frawn ... = Sancta et immaculata virginitas ... V. Benedicta tu in mulieribus ... [cf. LR 62; ON 56; LU 384; AR 130*; CAO 7569]

8. Resp. Ein seliger pauch marie der junckfrawn ... (V.) Ein selige vnd erwirdige iunckfraw ... = Beata viscera Mariae Virginis ... V. Beata et venerabilis es virgo ... [alle Neuausgaben haben, wie auch Brev. Linc. p. 216, den V. „Dies sanctificatus illuxit nobis ... “, cf. LR 65; ON 67; LU 389; CAO 6171]

9. Resp. Das wort ist warden fleisch vnd hatt wonnug in vns ... (V. i.) Ein kindt ist vns geparn ... (V. ii.) Am anfanck was das wort ... = Verbum caro factum est, et habitavit in nobis ... V. i. Puer natus est nobis ... V. ii. In principio erat verbum ... [Resp. u. V. ii.: LR

67; ON 69; LU 390; ON und LU haben keinen der beiden Verse, sondern „*Omnia per ipsum facta sunt*"; in M steht vor V. ii. „*singt man czw der vesper*", selbstverständlich zur 2. Vesper. In allen Brev. Pat. steht im Formular der 2. Vesper hinter dem Capitulum ebenfalls das Resp. „*Verbum*", und zwar mit dem V. ii. Darauf folgt, im Brev. Pat. 1515 pars hiem. fol. 163 mit „*Cum versibus apud chorum*", in M fol. 8 mit „*darnach die prosa*", ein Responsoriumstropus; CAO 7840]

Prosa. Den hymel vnd erd vnd mer nicht vmbgeben ... = Quem aethera et terra atque mar non praevalent ... [Dieser Tropus wurde, nach einer Grazer Handschrift, von W. Irtenkauf, AfMw 13, 1956, 138 veröffentlicht, cf. auch l.c. 122, ferner Ah 34, 11]

Zw der laudes mettenn [*Ad Laudes.* M fol. 8'–9'; Brev. Pat. fol. 191'–192; Ant. Pat. fol. 14–14']

1. Ant. Wenn habt ir gesehenn ir herter ... = Quem vidistis pastores? ... [cf. AMH 1, 410; ON 84; LU 395; AR 164; CAO 4455]
2. Ant. Die mueter hat gepert den künig ... = Genuit puerpera Regem ... [cf. AMH 1, 411; ON 86; LU 396; AR 264; CAO 2938]
3. Ant. Der enngel redt zu den hertternn ... = Angelus ad pastores ait ... [cf. AMH 1, 411; ON 88; LU 397; AR 264; CAO 1404]
4. Ant. Es kam mit dem engell ein grosse menig des hymlischen her ... = Facta est cum Angelo multitudo coelestis exercitus ... [cf. AMH 1, 411; ON 90; LU 398; AR 265; CAO 2836]
5. Ant. Ein kleiner sun ist vns hewt gepornn ... = Parvulus filius hodie natus est nobis ... [cf. AMH 1, 412; ON 92; LU 399; AR 265; CAO 4221]

Ant. ad Ben. Lob sey got in der höch ... = Gloria in excelsis Deo ... [cf. AMH 1, 414; ON 96; LU 402; AR 267; CAO 2946]

Ant. „nach der Collecten". Es sind erfult die täg marie ... = Completi sunt dies Mariae ... [cf. ON 8; LU 364; AR 260; hat hier die Funktion einer Marianischen Antiphon, während das gleiche Stück heute als 3. Vesperant der Weihnachtsvigil fungiert; CAO 1862]

Zw der preym [*Ad Primam.* M fol. 9'; Brev. Pat. fol. 192–192']
Ant. Das liecht ist vns erschynn ... = Lux orta est super nos ... [cf. Pal. 12, 32; CAO 3652]

Zu der Tercz [*Ad Tertiam.* M fol. 10; Brev. Pat. fol. 192']
Ant. Die glawbig junckfraw hatt hewt gepert ... = Virgo hodie fidelis et si verbum genuit incarnatum ... [cf. VP 73; CAO 5452]

Resp. Schöner an der gestalt . . . (V.) Die gnad ist ausgeprait = Speciosus forma . . . V. Diffusa est gratia . . . [CAO 7683]

Zw der Sext [*Ad Sextam.* M fol. 10′; Brev. Pat. fol. 192′–193]
Ant. All glawbig wir schüllen vns frewnn . . . = Gaudeamus omnes fideles . . . [cf. Pal. 12, 32; CAO 2925]
Resp. Der Herr hat kundt tan Sein haill (V.) Vor dem amplickh der Hayden . . . = Notum fecit Dominus. Salutare suum. V. In conspectu gentium . . . [alle Neuausgaben ohne V.: ON 134; LU 411; AR 169; cf. Pal. 12, 48; CAO 7242]

Zw der Nonn [*Ad Nonam.* M fol. 10′–11′; Brev. Pat. fol. 193]
Ant. Hewt hat die vnuermailigt junckfraw vns gepert vnnsern got . . . = Hodie intacta virgo Deum nobis genuit . . . [cf. VP 73; Pal. 12, 32; CAO 3104]
Resp. Gesegent ist der kümpt . . . (V.) Got vnnser Herr ist vns erschynn = Benedictus, qui venit . . . V. Deus Dominus, et illuxit nobis [nicht zu verwechseln mit dem heutigen Resp. III *In Circumcisio Domini* [CAO 6251]; hier ist es nur ein Resp. breve, nach Angabe des Brev. Linc. p. 219 nur ein „*Versikel*“; CAO 6250]

Zw der andern Vesper [*Ad II. Vesperas.* M fol. 11–12′; Brev. Pat. fol. 193–193′; Ant. Pat. fol. 14′–15′]
1. Ant. Der anfanckh ist mit dir an dem tag deiner macht . . . = Tecum principium in die virtutis tuae . . . [cf. AMH 1, 415; ON 142; LU 412; AR 270; CAO 5127].
2. Ant. Der Herr hatt seinem volckh erledigung gesent . . . = Redemptionem misit Dominus populo suo . . . [cf. AMH 1, 415; ON 144; LU 412; AR 271; CAO 4587]
3. Ant. Den gerechten ist auffgangen das liecht . . . = Exortum est in tenebris lumen rectis . . . [cf. AMH 1, 415; ON 146; LU 412; AR 271; CAO 2794].
4. Ant. Pey dem Herren ist parmherczigkait . . . = Apud Dominum misericordia . . . [cf. AMH 1, 415; ON 148; LU 412; AR 271; CAO 1466]
5. Ant. Von der frucht deins pauchs wirt ich beseczen dein stull = De fructu ventris tui ponam super sedem tuam [cf. AMH 1, 416; ON 150; LU 412; AR 272; CAO 2106]
[Hier wird das Resp. viii. der Matutin mit dem V. ii und der folgenden Prosa gesungen.]

Ant. ad Magn. Hewt ist cristus gepornn... = Hodie Christus natus
est... [cf. AMH 1, 418; ON 153; LU 413; AR 272; CAO 3093]

Ant. Heiligew vnd vngemailigtew junckfrawschafft... = Sancta et immaculata virginitas... [„*antiffen von vnser frawen*", cf. Gött. theol.
224 fol. 29 – hier als *Ant. de Dom. infra oct. Nat. Ad Laudes* –, ferner
Brev. Pat. fol. 193', Brev. Pat. 1515, pars hiem. fol. 165' und analog
Brev. Linc. p. 220, wo die liturg. Funktion der Ant. der in M
entspricht; CAO 4700]

Ant. Stephanus voll der gnaden vnd sterckh... = Stephanus autem
plenus gratia et fortitudine... [„*Von sant Steffan antiffen*", K. p.
177, cf. AMH 1, 419; ON 156 und LU 413 haben andere Mel.; cf. auch
Brev. Linc. p. 220; CAO 5025, 5026]

Zw der Complett [*Ad Completorium*. M fol. 12'; Brev. Pat. fol. 193']

Ant. Das wort ist flaisch warden... = Verbum caro factum est... [cf.
AMH 1, 416; aus dem Salzburger Brevier, cf. K. p. 177, Anm. 974;
in ON 120, LU 407 und AR 169 als Resp. br., aber mit identischer
Melodie; CAO 5361ff.]

Ant. super Cant. Sim. Wir loben dich Junckfraw gepererin gots...
Glorificamus te Dei genitrix... [cf. Brev. Pat. und Brev. Linc. p.
220f.; mit Mel. nur in Hss, z. B. Kassel, theol. 129, fol. 28; CAO 2952]

Zw der liechmes marie [*In Purificatione Beatae Mariae Virginis*; K. Nr.
159, p. 213f. (Ant.), 293f. (Resp.)]

In der ersten vesper [*In I. Vesperis*. M fol. 12'–14'; Brev. Pat. fol. 244,
Ant. Pat. fol. 100f. – die dem Formular *Circ. Domini* entnommenen
Texte, also 1.–5. Ant., Brev. Pat. fol. 207', Ant. Pat. fol. 21f., cf. K.
p. 180]

1. Ant. O ein wunderleichs entlehen der peschaffer menschleichs ge-
slechts... = O admirabile commercium: Creator generis humani
[Brev. Pat., Ant. Pat., AMH, AR verweisen auf das Formular von
Circ. Dom.; cf. Ant. Pat. fol. 100; AMH 1, 438; AR 294; LU 442; CAO
3985]

2. Ant. So er nu geparn ist... = Quando natus est... [cf. AMH 1, 348;
AR 294; LU 443; CAO 4441]

3. Ant. Als moyses sach den prynnunden pusch... = Rubum quem
viderat Moyses incombustum... [cf. AMH 1, 439; AR 195; LU 443;
CAO 4669]

4. Ant. Es hat gruent die wurczenn yesse... = Germinavit radix
Iesse... [cf. AMH 1, 440; AR 295; LU 443; CAO 2941]

5. Ant. Nempt war maria hat gepert den haylant... = Ecce Maria
genuit nobis salvatorem... [cf. AMH 1, 439; AR 295; LU 444; CAO
2523]
Ant. ad Magn. Der alt trueg das kindt... = Senex puerum portabat...
[AR 619; LU 1355; CAO 4864]

Zu der metten [*Ad Matutinum.* M fol. 14'; Brev. Pat. fol. 244; Ant. Pat.
fol. 100']
Inv. Nempt war, der herr wirt komen in sein heiligen tempell... = Ecce
venit ad templum sanctum suum... [cf. Gött. theol. 224 fol. 108;
hier anzuschließen ist die Melodie des Invitatoriumspsalms W fol.
258ff.; CAO 1072]

Im ersten Nocturn [*In I. Nocturno*; M fol. 14'–15'; Brev. Pat. fol.
244–244'; Ant. Pat. fol. 100'f. (nur die Ant.)]
1. Ant. Du pist gesegent vnder den frawen... = Benedicta tu in mulieribus... [cf. LR 246; CAO 1709]
2. Ant. Als ein erweltew mirren... = Sicut myrrha electa... [cf. LR
246; CAO 4942]
3. Ant. Vor der kanschafft der Junckfrawn... = Ante torum huius
virginis... [cf. LR 246; CAO 1438]
1. Resp. Syon czier dein sall... (V.) Symeon nam das kind... = Adorna
thalamum tuum, Sion... V. Accipiens Simeon puerum... [cf. Pal.
12, 268; CAO 6051]
2. Resp. Der alt trueg das kindt... (V.)... = Senex puerum portabat...
V. (wie Resp. I.) [cf. Pal. 12, 270; CAO 6051]
3. Resp. Der gerecht vnd got forchtsam nam symeon wardt der erledigung ysrahell... (V.) Er nam antburt von dem heiligen geist...
= Simeon iustus et timoratus exspectabat redemptionem Israel...
V. Responsum accepit Simeon a Spiritu Sancto... [cf. Pal. 12, 269;
CAO 7666)

Im andern Nocturn [*In II. Norcturno*; M fol. 15'–17'; Brev. Pat. fol.
244'–245; nicht im Ant. Pat.]
1. Ant. Mit deiner gestalt vnd mit deiner schon... = Specie tua et
pulchritudine tua... [LR 246; CAO 4987]
2. Ant. Got wirt sy behelffenn... = Adiuvabit eam Deus... [cf. LR 247;
CAO 1282]
3. Ant. Als aller frölicher menschen... = Sicut laetantium omnium...
[cf. LR 250; CAO 4936]

4. Resp. Symeon nam ihesum auff seine arm... (V.) Symeon nam antburt von dem heiligen geist... = Suscipiens Iesum in ulnas suas... V. Responsum accepit Simeon a Spiritu Sancto... [cf. VP 102, mit V.: „*Cum inducerent*... "; Pal. 12, 270 und Brev. Linc. p. 589 V.: „*Symeon in manibus infantem accepit*"; CAO 7745]

5. Resp. Symeon emphieng antburt von dem heiligen geist... (V.) Ein liecht zw offenbarung den hayden... = Responsum accepit Simeon a Spiritu Sancto... V. Lumen ad revelationem... [cf. Gött. theol. 224 fol. 108'; das Resp. V. in II. Noct. des heutigen Brev. Rom. hat einen anderen Vers; CAO 7537]

6. Resp. So nu erfült worden die tëg der raynigung... (V.) Sie oppherten für Inn dem Herren... = Postquam impleti sunt dies purgationis... V. Obtulerunt pro eo Domino... [cf. Gött. theol. 224 fol. 109, heute Resp. II in I. Noct.; CAO 7406]

Im dritten Nocturnn [*In III. Nocturno*; M fol. 17'–19'; Brev. Pat. fol. 245–245'; nicht im Ant. Pat.]

1. Ant. Sie hat nye erkennt ein gemehell in vermischung... = Haec est quae nescivit torum in delicto... [cf. AMH 1, 294; AR[88]; CAO 3001]

2. Ant. Du pist wardenn lieblich... = Speciosa facta est... [cf. AMH 220; AR [116]; CAO 4988]

3. Ant. Du wirst vnuermailigt nach der gepurt... = Post partum virgo inviolata... [cf. AMH 644; CAO 4332]

7. Resp. Secht an das wunderczaichen... (V.) Junckfraw hat sie emphangenn... = Videte miraculum... V. Virgo concepit... [cf. PM 251; CAO 7869]

8. Resp. Frew dich maria Junckfraw... (V.) Wir glawben gabrielem, dem erczengel... = Gaude Maria Virgo... V. Gabrielem Archangelum credimus (scimus)... [cf. PM 146; VP 130; in Ant. Pat. fol. 101 zur Prozession; CAO 4749]

9. Resp. Als die eltern ihesum trugen in den tempell... (V.) Wenn meinew awgen haben gesehen dein hail... = Cum inducerent puerum Iesum parentes eius... V. Quia viderunt oculi mei salutare tuum... [in Neuausgaben nicht nachweisbar; cf. Gött. theol. 224 fol. 109 und Ant. Pat. fol. 101', zur Prozession; CAO 6367]

Laudes [M fol. 19'–20'; Brev. Pat. fol. 245'–246; Ant. Pat. fol. 102f.]

1. Ant. Der gerecht symeon... = Simeon iustus... [cf. AMH 1, 610; AR 620; LU 1366; CAO 4951]

2. Ant. Symeon emphieng trost von dem heiligen geist ... = Responsum accepit Simeon a Spiritu Sancto ... [cf. AMH 1, 610; AR 620; LU 1366; CAO 4639]

3. Ant. Symeon nam das kind auff sein arm ... = Accipiens Simeon puerum in manibus ... [cf. AMH 1, 611; AR 620; LU 1366; CAO 1233]

4. Ant. Nym das kindt vnd sein mueter ... = Tolle puerum et matrem eius ... [cf. Pal. 12, 52; Kassel theol. 129 fol. 180; CAO 5156]

5. Ant. Gee wyder in das Land Juda ... = Revertere in terram Iuda ... [cf. Pal. 12, 52; Gött. theol. 224 fol. 110; CAO 4647]

Ant. ad Ben. Als die elternn ihesum trugen in den tempell ... = Cum inducerent puerum Iesum parentes eius ... [cf. AMH 1, 609; AR 621; CAO 2011]

Zw der preym [*Ad Primam*; M fol. 20'; Brev. Pat. fol. 246; cf. K. p. 214]
Ant. Syon czier dem sall ... = Adorna thalamum tuum, Sion ... [cf. PM 134, dazu Haimerl, *Prozessionswesen* 101–105; CAO 1293]

Zw der Tercz [*Ad Tertiam*; M fol. 20'; Brev. Pat. fol. 246; cf. K. p. 214]
Ant. Sie haben geopphert für ynn got ... = Obtulerunt pro eo Domino ... [cf. AMH 1, 611; AR 621; LU 1366; CAO 4104]

Zw der Sext [*Ad Sextam*; M fol. 20'; Brev. Pat. fol. 246'; cf. K. p. 214]
Ant. Nu las Herr dein knecht jm frid ... = Nunc dimittis, Domine, servum tuum ... [nicht Pal. 12, 272; cf. Gött. theol. 224 fol. 110; als Antiphon wird dieser Text heute nicht mehr gesungen; CAO 3975]

Zw der Nonn [*Ad Nonam*; M fol. 21; Brev. Pat. fol. 246'; cf. K. p. 214]
Ant. Du pist das liecht zw offenbarung der hayden ... = Lumen ad revelationem gentium ... [cf. AMH 1, 609; AR 620; LU 1366; CAO 3645]

In der andern vesper [*Ad II. Vesperas*; M fol. 21–21'; Brev. Pat. fol. 246'; Ant. Pat. fol. 102'; cf. K. p. 214]
Ant. ad Magn. Hewt hat maria die Junckfraw ihesun tragen in den tempel ... = Hodie beata virgo Maria puerum Iesum praesentavit in templo ... [cf. AMH 1, 611; AR 622; LU 1367; CAO 3089]
Darnach wirt eingelegt die antiffen von vnnser liebenn frawnn als hernach geschriben stett:
Ant. Nempt war, alle ding sind volpracht ... = Ecce completa sunt omnia ... [cf. AMH 1, 369; AR 255; CAO 2498]

Am Osterabennt zw der vesper [*Sabbato Sancto*; M fol. 21'; Brev. Pat.
fol. 324; Ant. Pat. fol. 53'; K. Nr. 96, p. 197]
Ant. (ad Magn.) An dem abent des sambstags... = Vespere autem
Sabbati... [cf. AMH 1, 572; OMH 658; AR 442; LU 761; K. Hain,
Ein musikal. Palimpsest, 1925, Taf. 27; CAO 5371]

Zw der Complet [*Ad Completorium*; M fol. 20'; Brev. Pat. fol. 324]
Alleluia. Cum invocarem [nicht übersetzt; außerdem irrtümlich als
„*antiffen*" bezeichnet, cf. Brev. Pat. l. c. und Brev. Pat. 1515, pars
hiem. fol. 302', ferner OMH 655 und AR 442]
Ant. ad Cant. Sim. Alleluia, weib wen suechst alleluia... = Alleluia,
quem quaeritis, mulier... [cf. PM 67; Schuler Nr. 508; CAO 1350]

[*Ad Matutinum*; M fol. 22; Brev. Pat. fol. 324'; Ant. Pat. fol. 53']
Inv. Alleluia alleluia [als Psalmton ist W fol. 261'ff. zu ergänzen; cf. K.
Hain, *Ein musikal. Palimpsest*, 1925, Taf. 27; CAO 1022f.]

Im Nocturn [*In Nocturno*; M fol. 22–23'; Brev. Pat. fol. 324–324'; K. Nr.
96, p. 197 u. 278]
1. Ant. Ich pin der ich pin... = Ego sum qui sum... [cf. LR 83; OMH
668; LU 770; K. Hain, l. c.; CAO 2599]
2. Ant. Ich hab gefodert von meim vater... = Postulavi patrem... [cf.
OMH 670; LU 771; K. Hain, l. c.; CAO 4342]
3. Ant. Ich hab geslaffenn... = Ego dormivi... [cf. OMH 673; LU 772;
K. Hain, l. c.; CAO 2572]
1. Resp. Der engell gots kam von hymel... (V.) Der engel gots redt zw
den frawenn... = Angelus Domini descendit de coelo... V. Angelus
Domini locutus est mulieribus dicens... [CAO 6093; cf. Hain, l. c.,
und Brev. Linc. p. 375; heute der V. „*Et introeuntes*... ": OMH 673;
LU 775; LR 84]
2. Resp. Der engel gots sprechund ist zu den frawen... (V.) Nempt war:
er wirt vor euch gen in galyleam... = Angelus Domini locutus est
cum mulieribus dicens... V. Ecce praecedet in Galileam ... (cf. Pal.
12, 128; CAO 6095]
3. Resp. Als nu der suntag Maria magdalena... (V.) Vnd garfrue an eim
suntag... = Dum (cum) transisset sabbatum Maria Magdalene...
V. Et valde mane una sabbatorum... [cf. Pal. 12, 129; LR 84; OMH
675; LU 775; CAO 6565]

Zw der Laudes metten [*Ad Laudes*; M fol. 23'–24'; Brev. Pat. 325'; Ant.
Pat. fol. 56f.; K. p. 197]

1. Ant. Aber der enngel des Herrenn staig herab von himel ... = Angelus autem Domini descendit de coelo ... [cf. AMH 2, 343; OMH 681; LU 782; AR 443; CAO 1408]

2. Ant. Vnd es kam ein gross erdpydem ... = Et ecce terraemotus factus est magnus ... [cf. AMH 2, 343; OMH 682; LU 782; AR 444; CAO 2699]

3. Ant. Sein angesicht was als ein fewr ... = Erat autem aspectus sicut fulgur ... [cf. AMH 2, 344; OMH 683; LU 782; AR 444; CAO 2647]

4. Ant. Vor farichten erschrackten hart die hueter ... = Prae timore autem eius exterriti sunt custodes ... [cf. AMH 2, 344; OMH 684; AR 444; LU 782; CAO 4350]

5. Ant. Der engell antburt sprach zu den frawen ... = Respondens autem Angelus dixit mulieribus ... [cf. AMH 2, 344; OMH 686; LU 783; AR 444; CAO 4630]

Ant. ad Ben. Vnd gar frue an eim suntag ... = Et valde mane una sabbatorum ... [cf. AMH 2, 345; OMH 687; AR 445; LU 783; CAO 2728]

Zu der Preym [Ad Primam; M fol. 24'; Brev. Pat. fol. 326; K. p. 197]
Ant. Jhesus ist erstanden ... = Surgens Iesus ... [cf. AMH 2. 354; AR 464; CAO 5075]

Zw der Tercz [Ad Tertiam; M fol. 24'–25; Brev. Pat. fol. 326; K. p. 198]
Ant. Vnnser erlöser ist erstanden von dem tod ... = Redemptor noster surrexit ... [CAO 4589]

Zw der Sext [Ad Sextam; M fol. 25; Brev. Pat. fol. 326'; K. p. 198]
Ant. Prann nicht vnnser hercz ... = Nonne cor nostrum ardens ... [cf. AMH 2, 368; AR 480; CAO 3943]

Zw der Nonn [Ad Nonam; M fol. 25; Brev. Pat. fol. 326'; K. p. 198]
Ant. Sie erkanten den Herren alleluia ... = Cognoverunt Dominum, alleluia ... [cf. AMH 2, 366; AR 478; CAO 1848]
Ant. Pleib pey vns, wenn es ist spatt ... = Mane nobiscum, quoniam advesperacit ... [cf. AMH 2, 365; AR 480; CAO 3690]

Zw der andern vesper [Ad II. Vesperas; M fol. 25'–27; Brev. Pat. fol. 326'–327; Ant. Pat. fol. 56'f.; K. p. 198f.] Hebt man an mit den ix kirieleysonn; Darnach die hernach geschrieben antiffen auff die psalm
Ant. Alleluia, alleluia, alleluia, alleluia [cf. AMH 2, 335; AR 37, mit Varianten]

Graduale. Das ist der Tag den der Herr gemacht hat... = Haec est dies,
quam fecit Dominus... [cf. OMH 702; LU 779; Thomasgraduale
116; in allen liturgischen Büchern wird auf diesen und den folgenden
Gesang nur verwiesen, da er an einer anderen Stelle, eben im Meßfor-
mular, aufgezeichnet ist; hier ist er an dieser sekundären Stelle
übersetzt mitgeteilt, da der Meßgottesdienst stets lateinisch zele-
briert werden mußte.]
Alleluia. V. Christus ist vnnser ostern warden... = Alleluia. V. Pascha
nostrum [cf. OMH 703; LU 779; in M noch ein 2. V. „Ess wir in
azinder... "= Epulemur in azimis..., cf. Thomasgraduale 117; die
vom Brev. Linc. p. 378 vorgeschriebene Sequenz „Victimae paschali
laudes" wird vom Brev. Pat. nicht gefordert, fehlt also auch in M]

Ant. ad Magn. Die frawen redten czu einander... = Et dicebant ad
invicem... [cf. Pal. 12, 131; CAO 2697]
Ant. Christus ist erstanden... = Christus resurgens... [cf. Pal. 12, 223;
meist als Resp. bezeichnet; so PM 66, VP 141; als Prozessionsrespon-
sorium auch bei A. Dold, Die Konstanzer Ritualientexte, 1923, 150,
nachgewiesen; CAO 1796]
Vers. Antburten nu die iuden... = Dicant nunc iudaei... [cf. die Angaben zum vorigen Gesang; beide zusammen bilden das Responso-
rium]

Zu der Complet [Ad Completorium; M fol. 27; Brev. Pat. fol. 327]
Ant. Nicht waynn maria alleluia... = Noli flere Maria, alleluia... [cf.
PM 67; Pal. 12, 136; CAO 1348, mit Alleluia]
Ant. ad Cant. Sim. Alleluia der herr ist erstanden... = Alleluia resurre-
xit Dominus... [cf. Pal. 12, 138; CAO 1352]

Darnach von dem Heiligen geist [De Spiritui Sancto; Dominica Pentecostes; K. Nr. 110, p. 203 u. 282]
Zw der vesper [Ad I. Vesperas; M fol. 27–28; Brev. Pat. fol. 377–377';
Ant. Pat. fol. 120]
1. Ant. Chum heiliger geist... = Veni Sancte Spiritus... [cf. VP 158; cf.
Brev. Linc. 425; CAO 5327]
Ant. ad Magn. Ich wird euch nicht lassenn verwaist alleluia... = Non
vos relinquam orphanos, alleluia... [cf. AMH 2, 390; AR 502; LU
862; CAO 3941]

Zw der Complet [Ad Completorium; M fol. 27'–28; Brev. Pat. fol.
377–377']

Ant. Der heilig geist wirdt euch lernen, alleluia... = Spiritus Sanctus
docebit vos, alleluia... [CAO 5005]

Ant. ad Cant. Sim. Alleluia, der tröster, der heilig geist... = Alleluia,
Spiritus paraclitus... [außer im Brev. Pat., Kassel theol. 129 fol.
128; CAO 1354]

Zw der Metten [*Ad Matutinum*; M fol. 28; Brev. Pat. fol. 377'; Ant. Pat.
fol. 120f.]

Inv. Alleluia. Der geist des herren hat erfült das erdreich... = Alleluia,
Spiritus Domini replevit orbem terrarum... [cf. AMH 2, 392; LR
107; LU 863; als Melodie zum Psalm ergänze man W fol. 263'ff.;
CAO 1033f.]

Im Nocturn [*In Nocturno*; M fol. 28–30; Brev. Pat. fol. 377–378; Ant.
Pat. fol. 120'–121']

1. Ant. Von Himel kam vrbring ein haill... = Factus est repente de
coelo... [AMH 2, 395; LR 108; LU 868; CAO 2847]

2. Ant. Bestett das got, das du in vns hast gewericht... = Confirma hoc
Deus, quod operatus es in nobis... [cf. AMH 2, 400; LR 112; LU
869; CAO 1873]

3. Ant. Herr schickh dein geist, so werden sie beschaffen... = Emitte
Spiritum tuum, et creabuntur... [cf. AMH 2, 403; LR 115; LU 871;
CAO 2643]

1. Resp. So erfult waren die täg der phingsten... (V.) Sie wurdenn all
erfült... = Cum (Dum) complerentur dies Pentecostes... V. Repleti
sunt omnes... [cf. Brev. Linc. p. 427; in allen Neuausgaben mit
Noten hat dieses Resp. den V. „Dum ergo essent...", cf. LR 109; LU
873; CAO 6536]

2. Resp. Sie sindt all erfült mit dem heiligen geist... (V.) Die iunger
redten in manigerlay zungen... = Repleti sunt omnes Spiritu
Sancto... V. Loquebantur variis linguis Apostoli... [cf. AMH 2,
397; LR 110; LU 875; CAO 7531]

3. Resp. Denn zweliffpotenn sindt erschynn mit manigerlaÿ czungen...
(V.) Die Iunger redten die wunder gots... = Apparuerunt Apostolis
dispertitae linguae... V. Loquebantur variis linguis Apostoli... [cf.
LR 112; CAO 6110]

(Ad) Laudes [M fol. 30–30'; Brev. Pat. fol. 378–378'; Ant. Pat. fol.
121'f.]

1. Ant. So erfült warden die täg der phingsten... = Cum (Dum) complerentur dies Pentecostes... [cf. AMH 2, 387; AR 503; LU 884; CAO
2442]

2. Ant. Der geist des Herren hat erfült ... = Spiritus Domini replevit ...
   [cf. AMH 2, 387; AR 504; LU 884; CAO 4998]
3. Ant. Sie wurden all erfült mit dem heiligen geist ... = Repleti sunt
   omnes Spiritu Sancto ... [cf. AMH 2, 387; AR 504; LU 884; CAO
   4613]
4. Ant. Prün vnd alle ding die sich pewegen in wasser ... = Fontes, et
   omnia quae moventur in aquis ... [cf. AMH 2, 408; AR 504; LU 884;
   CAO 2889]
5. Ant. Die iunger redten in manigerlay czungen ... = Loquebantur
   variis linguis Apostoli ... [cf. AMH 2, 388; AR 504; LU 884; CAO
   3634]
Ant. ad Ben. Emphacht den heiligen geist, den ir vergebt ir sündt ... =
   Accipite Spiritum Sanctum: quorum remiseritis peccata ... [cf.
   AMH 2, 410; AR 507; LU 877; CAO 1234]

Zw der Tercz [*Ad Tertiam*; M fol. 30'–31; Brev. Pat. fol. 378']
Resp. Der geist des Herren hat erfült ... (V.) Vnd der mensch der allew
   ding ... = Spiritus Domini replevit ... V. Et hoc quod continet
   omnia ... [cf. AMH 2, 407; LR 116; LU 878; AR 507; in AMH und
   LR als Resp. prol., in den beiden andern Büchern, wie in M, als
   Resp. breve; CAO 7689]

Zw der Sext [*Ad Sextam*; M fol. 31; Brev. Pat. fol. 379]
Resp. Got pesterckh das du hast gewaricht in vns ... (V.) Von dem
   heiligen tempell ... = Confirma hoc Deus, quod operatus es in nobis ... V. A templo sancto tuo ... [cf. Brev. Pat.; CAO 6313; melodisch identisch mit dem Resp. br. *Ad Tertiam*]

Zw der Nonn [*Ad Nonam*; M fol. 31; Brev. Pat. fol. 379]
Resp. Schickh dein geist ... (V.) Vnd wirst vernewen den anplickh ...
   = Emitte Spiritum tuum ... V. Et renovabis faciem terrae [cf. Brev.
   Pat.; mel. identisch mit Resp. br. *Ad Tertiam*; nach C. Marbach,
   Carm. script., 1907, 207 wird dieses Resp. br. noch in Straßburg
   gesungen „*pro invocatione S. Spiritu*"; CAO 6658]

In den andern vesper [*In II. Vesperis*; M fol. 31'; Brev. Pat. fol. 379;
   Ant. Pat. fol. 122]
Ant. ad Magn. Hewt sind erfült die täg der pfingstenn ... = Hodie
   completi sunt dies Pentecostes ... [cf. AMH 2, 411; AR 509; LU 886;
   CAO 3096]

Hie voligt Nach die Hystory von gots leichnam [*De Corpore Christi*; K. p. 140–145]

Zw der Ersten vesper [*Ad I. Vesperas*; M fol. 32–33'; Brev. Pat. fol. 387–387'; Ant. Pat. fol. 125'f.]

1. Ant. Christus der Herr ein ewiger priester... = Sacerdos in aeternum Christus Dominus... [cf. AMH 2, 428; AR 525; LU 956]
2. Ant. Der parmhercziger herr hat denn speis geben... = Miserator Dominus escam dedit timentibus... [cf. AMH 2, 428; AR 525; LU 956]
3. Ant. Ich wirt emphahen den kelich des hails... = Calicem salutaris accipiam... [cf. AMH 2, 428; AR 526; LU 956]
4. Ant. Als die schüsling newer ölpawm... = Sicut novellae olivarum... [cf. AMH 2, 429; AR 526; LU 956]
5. Ant. Der frid gibt denn endten seiner Heiligen kirchen... = Qui pacem ponit fines Ecclesiae... [cf. AMH 2, 429; AR 526; LU 957]

Resp. Ein Mensch perait ein gross mall... (V.) Kombt vnd esst mein prott... = Homo quidam fecit coenam magnam... V. Venite, comedite panem meum... [cf. PM 105; VP 15; Cant. 26]

Ant. ad Magn. O wie gar sues ist herre dein geist... = O quam suavis est, Domine, Spiritus tuus... [cf. AMH 2, 432; AR 529; LU 917]

Czu der Complet [*Ad Completorium*; M fol. 33'–34; Brev. Pat. fol. 387'–388; Ant. Pat. fol. 127]

Ant. super Cant. Sim. O hymlisch prott der höchstenn süssigkait... = O gustu mirabilis... [nur im Brev. Pat. nachweisbar]

Ant. super Cant. Sim. O prot des leben vnd erwirdige speis ein gar süesser leichnam... = O panis vitae, veneranda... [nicht im Brev. Pat. u. Ant. Pat.; Nachweis K. p. 141, Anm. 750; M stellt die Ant. zur Wahl]

Zw der Mettenn [*Ad Matutinum*; M fol. 34'; Brev. Pat. fol. 388]

Inv. Pit wir an christum... = Christum regem adoremus... [cf. LR 119; LU 918; zu ergänzen die Psalmodie W fol. 259'ff.; cf. oben S. 29]

Im ersten Nocturn [*In I. Nocturno*; M fol. 34'–36; Brev. Pat. fol. 388–389; Ant. Pat. fol. 127–128]

1. Ant. Ain hailsame frucht... = Fructum salutiferum... [cf. LR 120; LU 922; cf. oben S. 29]
2. Ant. Von der frucht des getraids... = A fructu frumenti... [cf. LR 121; LU 923; cf. oben S. 29]

3. Ant. Mit der austaillung seins kelchs... = Communione calicis... [cf. LR 121; LU 924; cf. oben S. 29]

1. Resp. Die menig des volcks ysrahell wirt opphern ein wyder... (V.) Aber czw vnnsern ostern ist geopphert christus... = Immolabit haedum multitudo filiorum Israel... V. Pascha nostrum immolatus est Christus... [cf. LR 122; LU 926; cf. oben S. 30)

2. Resp. Ir wert essen flaisch... (V.) Moyses hat euch nicht geben das prot von hymell... = Comedetis carnes... V. Non Moyses dedit vobis panem de coelo... [cf. LR 123; LU 927; cf. oben S. 30)

3. Resp. Helyas sach czw sein hawp ein esch reins prott... (V.) Ob yemant essen wirt von dem prot... = Respexit Elias ad caput suum... V. Si quis manducaverit ex hoc pane... [cf. LR 124; LU 927]

Im andernn Nocturn [*In II. Nocturno*; M fol. 36–38; Brev. Pat. fol. 389'–390']

1. Ant. Der Herr sey in gedechtig vnnser gab... = Memor sit Dominus sacrificii nostri... [cf. LR 121; LU 928]

2. Ant. Der tisch des herren wirt vns berait... = Paratur nobis mensa Domini... [cf. LR 122; LU 929]

3. Ant. In der stym der frolockhung... = In voce exsulationis... [cf. LR 122; LU 930]

4. Resp. Das prot das ich geben wirdt ist mein fleisch... (V.) Das volckh murmelt wyder den Herren... = Panis quem ego dabo, caro mea est... V. Locutus est populus contra Dominum... [cf. LR 124]

5. Resp. So sie miteinander assenn nam ihesus das prot... (V.)Die mann meins tabernackell redten... = Coenantibus illis, accepit Iesus panem... V. Dixerunt viri tabernaculi mei... [cf. LR 127; LU 931]

6. Resp. Ihesus nam den kelch nach dem abentessen vnd sprach... (V.) Mit gedechtnüss wirdt ich gedenckhen... = Accepit Iesus calicem, postquam coenavit, dicens... V. Memoria memor ero... [cf. LR 128; LU 932]

Im dritten Nocturn [*In III. Nocturno*; M fol. 38–39'; Brev. Pat. fol. 390'–391]

1. Ant. Ich wirt nahen czu dem altar gots... = Introibo ad altare Dei... [cf. LR 125; LU 934]

2. Ant. Der herr hat vns gespeist... = Cibavit nos Dominus... [cf. LR 125; LU 935]

3. Ant. Herr wir empahenn christum von denn altar... = Ex altari tuo Domine, Christum sumimus... [cf. LR 126; LU 936]

7. Resp. Melchisedech ein priester in ierusalem ... (V.) Gesegent abraham von dem höchsten got ... = Melchisedech, vero rex Salem ... V. Benedictus Abraham Deo ... [auch als Prozessionsgesang nachgewiesen von Haimerl, *Prozessionswesen von Bamberg*, 41; sonst nicht weiter bekannt]

8. Resp. Der kelch des segens den wir gesegen ... (V.) Wenn ain prot vnd ein leichnam sindt ... = Calix benedictionis (benedictionum), cui benedicimus ... V. Quoniam unus panis ... [cf. K. p. 142]

9. Resp. Wir sein all ein leichnam vnd ain prott ... (V.) Got, du hast dich berait dem armen in deiner süessigkait ... = Unus panis et unum corpus ... V. Parasti in dulcedine tua pauperi Deus ... [cf. LR 129; VP 16; Cant. 60]

(Ad) Laudes [M fol. 39'–40'; Brev. Pat. fol. 389; Ant. Pat. fol. 129f.]

1. Ant. Die weishäit hat ir gepawt ain haws ... = Sapientia aedificavit sibi domum ... [cf. AMH 2, 433; AR 530; LU 939]

2. Ant. Du hast genert dein volckh mit der speis der engell ... = Angelorum esca nutrivisti populum tuum ... [cf. AMH 2, 433; AR 530; LU 940]

3. Ant. Faist ist das prott christi ... = Pinguis est panis Christi ... [cf. AMH 2, 433; AR 530; LU 940]

4. Ant. Die heiligen priester ... = Sacerdotes sancti ... [cf. AMH 2, 433; AR 531; LU 940]

5. Ant. Dem sighafften wirt ich geben ein verporgenes hymelprot ... = Vincenti dabo manna absconditum ... [cf. AMH 2, 434; AR 531; LU 940]

Ant. ad Ben. Ich pin das lemptig prot ... = Ego sum panis vivus ... [cf. AMH 2, 436; AR 533; LU 942]

Zu der preym [*Ad Primam*; M fol. 40'; Brev. Pat. fol. 389; Ant. Pat. fol. 129]

Resp. Christe ein sun des lemptigen gots ... = Christe, fili Dei vivi ... [cf. AR 21; LU 230]

Zw der tercz [*Ad Tertiam;* M fol. 40'; Brev. Pat. fol. 389; Ant. Pat. fol. 129]

Resp. Der herr hat sey gespeist von der vaistigkäit des trayds ... = Cibavit illos ex adipe frumenti ... [cf. AR 534; LU 955; ferner Brev. Linc. p. 448]

Zu der Sext [*Ad Sextam*; M fol. 41; Brev. Pat. fol. 389; Ant. Pat. fol. 129f.]

Resp. Du pringst das prot von dem erdreich... = Educas panem de
terra... [cf. AR 535; LU 955]

Zw der Nonn [*Ad Nonam*; M fol. 41; Brev. Pat. fol. 389; Ant. Pat. fol.
129']
Resp. Er hat geseczt ain endt dem frid... = Posuit fines tuos pacem...

In der Andern Vesper [*In II. Vesperis*; M fol. 41'; Brev. Pat. fol. 389';
Ant. Pat. fol. 129']
Ant. ad Magn. O heilige wirtschafft... = O sacrum convivium... [cf.
AMH 2, 437; AR 535; LU 959]

Vonn Vnnser Lieben frawen Kündung [*In Annuntiatione Beatae Mariae
Virginis*; cf. K. Nr. 164, p. 216, 295f.]
Zw der Vesper [*Ad I. Vesperas*; M fol. 41'–43'; Brev. Pat. fol. 259'; Ant.
Pat. fol. 113'–114']
1. Ant. Ich hab gesehen ein versperts tor in dem haws des herren...
= Vidi portam in domo Domini... [CAO 5405]
2. Ant. Die porten wirt albeg verspert... = Haec porta clausa erit non
aperitur...
3. Ant. In die porten die du hast gesehenn... = Porta quam vidisti...
[CAO 4315]
4. Ant. O heilige vnd albeg gesegent iunckfraw maria... = O beata et
benedicta virgo Maria...
5. Ant. Du pist gancz schön mein frewntin... = Tota pulchra es amica
mea... [CAO 5161]
Resp. Pist grüest du edlew gerten yesse... (V.) Dein gesmach ist vber
all kosper... = Salve nobilis virga Iesse... V. Odor tuus super
cuncta preciosa... [CAO 7564]
Ant. ad Magn. Der enngel eingieng czu maria... = Ingressus angelus ad
Mariam... [cf. Pal. 12, 301; CAO 3339]

Zw der Complet [*Ad Completorium*; keine musikalische Aufzeichnung]

[*Ad Matutinum*; M fol. 43'; Brev. Pat. fol. 259'–260; Ant. Pat. fol. 114']
Inv. Pist grüest maria, voll der gnaden... = Ave Maria, gratia plena...
[cf. LR 435; Pal. 12, 238, 301; hierzu gehört die Psalmodie W fol.
261'ff.; CAO 1041]

Im erstenn Nocturn [*In I. Nocturno*; M fol. 44–45; Brev. Pat. fol. 260;
Ant. Pat. fol. 115'f.]

1. Ant. Es ward geschickt der engel gabriell... = Missus est Angelus Gabriel... [cf. AR 688; LU 1444; CAO 3793]
2. Ant. Der engell ging zu maria vnd sprach... = Ingressus Angelus ad Mariam ait... [cf. Pal. 12, 301; Gött. theol. 224 fol. 120'; CAO 3339]
3. Ant. Maria wardt betrüebt in den warten des engels... = Maria turbatur in sermone Angeli... [Gött. theol. 224 fol. 121; CAO 3706]
1. Resp. Der engell ging ein zw maria vnd sprach... (V.) Du pist gesegent in den frawn... = Ingressus angelus ad Mariam ait... V. Benedicta tu in mulieribus... [cf. Gött. theol. 224 fol. 121; CAO 6963]
2. Resp. Du pist gesegent in den frawn... (V.) Pis grüest maria voll der gnaden... = Benedicta tu in mulieribus... V. Ave Maria, gratia plena... [cf. Gött. theol. 224 fol. 121; CAO 6244]
3. Resp. Maria wardt betrüebt in den warten des engels... (V.) Wie geschicht, das redt maria czu dem engel... = Maria ut audivit turbata est in sermone Angeli... V. Quomodo fiet istud ait Maria ad Angelum... [Pal. 12, 302; Gött. theol. 224 fol. 121; CAO 7130]

Im andern Nocturn [In II. Nocturno; M fol. 45–46'; Brev. Pat. fol. 260']
1. Ant. Der engel antburt sprach zw maria... = Respondens Angelus dixit ad Mariam... [Gött. theol. 224 fol. 121; CAO 4629]
2. Ant. Nymbar, du wirst emphahen vnd gepern ein sun... = Ecce concipies et paries filium... [cf. Gött. theol. 121'; CAO 2499]
3. Ant. Got wirt Im gebenn den stull dauids... = Dabit illi Deus sedem David... [cf. Gött. theol. 224 fol. 121'; CAO 2093]
4. Resp. Der enngell redt czw maria... (V.) Nymbar, du wirst emphahen vnd gepern... = Dixit Angelus ad Mariam... V. Ecce concipies et paries... [cf. Pal. 12, 302; Gött. theol. 224, fol. 121'; CAO 6466]
5. Resp. Nymbar, du wirst emphahen vnd gepern... (V.) Er wirt gros vnd wirt genant ein sun des höchsten... = Ecce concipies et paries... V. Hic erit magnus et filius altissimus vocabitur... [cf. Pal. 12, 302; K. Hain, Ein musikal. Palimpsest, 1925, Taf. 25; Gött. theol. 224 fol. 121'; CAO 6579]
6. Resp. Got der herr wirt Im geben den sessel dauidts... (V.) Vnd sein reich hatt nymmer endt... = Dabit illi Dominus Deus sedem David... V. Et regni eius non erit finis [cf. Pal. 12, 302; Hain, l. c. Taf. 25; CAO 6390]

Im dritten Nocturn [In III. Nocturno; M fol. 46'–48; Brev. Pat. fol. 261]
1. Ant. Maria redt czw dem engell: wie wirt das geschehen... = Dixit

autem Maria ad Angelum, quomodo fiet istud ... [cf. Gött. theol. 224 fol. 121'; AR 662 und LU 1409 haben eine andere Mel.; CAO 2279]

2. Ant. Vnd das heilig, das von dir gepern wirt ... = Ideoque, et quod nascetur ex te sanctum ... [Gött. theol. 224 fol. 122; CAO 3164]

3. Ant. Maria redt zu dem engel: nymbar, ich pin ein diernn des Herren ... = Dixit autem Maria ad Angelum: ecce ancilla Domini ... [cf. Gött. theol. 224 fol. 122; CAO 2278]

7. Resp. Maria redt czw dem engel: Nymbar ich pin ein diernn des herren ... (V.) Der heilig geist wirt komen ... = Dixit autem Maria ad Angelum: ecce Ancilla Domini ... V. Spiritus Sanctus ... [Pal. 12, 302; Gött. theol. 224 fol. 122; CAO 6469]

8. Resp. Wie mag das gesein, antburt vnd sprach maria ... (V.) Vnd das heilig, das von dir geporn wirt ... = Quomodo fiet istud, respondens ait Maria ... V. Ideoque et quod nascetur ex te sanctum ... [cf. Pal. 12, 302; K. Hain, *Ein musikal. Palimpsest*, Tafel 25; CAO 7505]

9. Resp. Ein aller liebste Iunckfraw christi, ein werichczewg aller tugent ... (V.) Wenn wir sein hart beswert ... = Christi virgo dilectissima virtutum operatrix opem ... V. Quoniam peccatorum mole premimur ... [cf. Pal. 12, 303; Gött. theol. 224 fol. 122'; CAO 6278]

(Ad) Laudes [M fol. 48–49'; Brev. Pat. fol. 261–261'; Ant. Pat. fol. 116f.]

1. Ant. So nu komen was die erfüllung der heiligen czeit ... = Quando venit ergo sacri plenitudo temporis ... [cf. Gött. theol. 224 fol. 122'; Kassel theol. 129 fol. 190'; cf. Brev. Linc. p. 629; CAO 4443]

2. Ant. Das höchst wort von dem vater ... = Verbum supernum a patre ... [Gött. theol. 224 fol. 122'; Kassel theol. 129 fol. 190'; Brev. Pat. 1515 pars hiem. fol. 235'; CAO 5364]

3. Ant. Der beschaffer aller welt ... = Beatus auctor saeculi ... [cf. die Nachweise bei der 1. Ant.; diese und die beiden folgenden sind Teile einer einzigen Dichtung; cf. Brev. Linc. p. 629; ferner Ah 50, 58; CAO 1613]

4. Ant. Der mueter versperten pauch ... = Clausa parentis viscera ... [cf. die Nachweise bei der 1. Ant.; mitten in dieser Ant. bricht der musikal. Text in Gött. theol. 224 ab; CAO 1776]

5. Ant. Das haws eins raynn herczenn wirt behent ein tempell gots = Domus pudici pectoris templum repente ... [Kassel, theol. 129 fol. 190'; auch Brev. Linc.; CAO 2429]

Ant. ad Ben. Gegrüesset seistu vnnser hoffnung, vngemayligte pererin gots ... = Ave spes nostra Dei genitrix ... [Kassel, theol. 129 fol. 188; CAO 1546]

Zw allen tagczeitten [*Ad Horas diei*; M fol. 49–50; Brev. Pat. fol. 261′; Ant. Pat. fol. 116′ f. *In II. Vesperis* ... *Ad Magnificat Ant.*]
Ant. Das ist der tag, den der herr hat gemacht ... = Haec est dies quam fecit Dominus ... [Kassel, theol. 129 fol. 49′; CAO 2997; nicht AR 445]

Von vnnser Lieben Frawn Schiedung [*In Assumptione B.M.V.*; K. Nr. 182, p. 225, 302 f.]
Zw der ersten vesper [*Ad I. Vesperas*; M fol. 50–52′; Brev. Pat. fol. 523–524; Ant. Pat. fol. 192–193]
1. Ant. Ich hab gesehen die schön wolgestalt als ein tawben ... = Vidi speciosam sicut columbam ... [CAO 5407]
2. Ant. Kum her mein auserweltew ... = Veni electa mea ... [CAO 5323, nicht 5322; AR (98) und AMH 2, 300]
3. Ant. Die ist die aller schönste vntter den töchtern ierusalem ... = Ista est speciosa inter filias Ierusalem ... [mit anderen Mel. AR (98) und AMH 2, 295, 305; CAO 3416]
4. Ant. Der Herr hat begert die gecziert tochter ierusalem ... = Ornatam in monilibus filiam Ierusalem ... [CAO 4197]
5. Ant. Du pist gancz schön mein frewntin ... = Tota pulchra es amica ... [CAO 5161; nicht zu verwechseln mit der musikalisch verwandten, aber umfangreicheren *Ant. super Cant. Sim. Ad Compl.* CAO 5162]
Resp. Wer ist die, dy do auffsteiget ... (V.) Die daig ist die wolgestalt ... = Quae est ista, quae ascendit ... V. Ista est speciosa ... [nicht zu verwechseln mit dem 3. Resp. *Ad Matut.*, cf. K. p. 302]
Ant. ad Magn. O weisiste Iunckfraw ... = Virgo prudentissima ... [cf. AMH 2, 635; AR 819; LU 1600; CAO 5454]

Czu der Complet [*Ad Completorium*; M fol. 52′–53; Brev. Pat. fol. 524]
Ant. super Cant. Sim. Gancz pistu schonn ... = Tota pulchra es ... [cf. PM 274; VP 54; AR 124*; Cant. 138; Pal. 12, 360; CAO 5162]

[*Ad Matutinum*; M fol. 53; Brev. Pat. fol. 524; Ant. Pat. fol. 193]
Inv. In eren der heiligen junckfrawn ... = In honore beatissimae Mariae ... [Kassel, theol. 129 fol. 226′; erg. die Psalmodie W fol. 259′ f.; CAO 1086]

Im erstenn Nocturn [*In I. Nocturno*; M fol. 53–54′; Brev. Pat. fol. 524–524′; Ant. Pat. fol. 193–194]

1. Ant. Du pist erhöcht heilige gepererin gotz... = Exaltata est Sancta
   Dei genitrix... [cf. LR 374; AMH 2, 639; CAO 2762]
2. Ant. Die tör des paradiss sint vns durch dich geöffennt... = Paradisi
   portae per te nobis apertae sunt... [cf. LR 374; AMH 2, 639; VP 201
   mit anderem Ps.; CAO 4215]
3. Ant. Du pist gesegent vber all frawn... = Benedicta tu in mulieribus... [cf. LR 375; AMH 2, 640; CAO 1709]
1. Resp. Ich sach die gar schon als ein tawben... (V.) Wer ist die
   auffsteigt... = Vidi speciosam sicut columbam... V. Qae est ista
   quae ascendit... [cf. AMH 2, 641; LR 376; PM 178; Pal. 12, 355;
   CAO 7878]
2. Resp. Ich pin erhöcht als der czeder in lybano... (V.) Vnd als der
   czymet vnd der balsam... = Sicut cedrus exaltata sum in Libano...
   V. Et sicut cinnamonum et balsamum... [cf. AMH 2, 642; LR 252;
   PM 260; Pal. 12, 355; CAO 7657]
3. Resp. Wer ist die dy do herdringt... (V.) Wer ist die auffsteigt durch
   die wügst... = Quae est ista quae processit... V. Quae est ista quae
   ascendit per desertum... [alle folgenden Ausg. haben den melodisch
   identischen Versus „Et sicut verni... “: Pal. 12, 355; AMH 2, 642;
   LR 253; PM 261; CAO 7455]

Im andern Nocturn [In II. Nocturno; M fol. 54'–56; Brev. Pat. fol.
525–525'; Ant. Pat. fol. 194–195]

1. Ant. Mit deiner gestalt... = Specie tua... [cf. AMH 2, 640; LR 246,
   375; CAO 4987]
2. Ant. Got wirt ir helffenn... = Adiuvabit eam... [cf. AMH 2, 640; LR
   247, 375; CAO 1282]
3. Ant. Als in den froleich ist... = Sicut lactantium... [cf. AMH 2, 644;
   LR 250; CAO 4936]
4. Resp. Selig werden mich nennen allew geslecht... (V.) Vnd sein
   parmherczigkait... = Beatam me dicent omnes generationes... V.
   Et misericordia eius... [cf. AMH 2, 646; LR 257; CAO 6172]
5. Resp. Die gnad ist aus geprait... (V.) Mit deiner gestalt... = Diffusa
   est gratia... V. Specie tua... [cf. LR 216; CAO 6446]
6. Resp. Der Herr hat gepert (!) die tochter iherusalem... (V.) Die
   kunigin stundt an der rechten seiten... = Ornatam in monilibus
   filiam Ierusalem... V. Astitit Regina a dextris tuis... [cf. LR 253;
   eine andere Mel. hat AMH 2, 645; CAO 7340]

Im dritten Nocturn [In III. Nocturno; M fol. 56–57'; Brev. Pat. fol.
525'–526; Ant. Pat. fol. 195–196]

1. Ant. Frew dich Junckfraw maria... = Gaude Maria Virgo... [cf.
AMH 2, 646; LR 251; CAO 2924]
2. Ant. Geruch mich Junckfraw dich wirdigklich zu lobenn... = Di-
gnare me laudare te, Virgo sacrata... [cf. AMH 2, 644; LR 251; CAO
2217]
3. Ant. Junckfraw pistu plieben nach der gepurdt... = Post partum
virgo inviolata permansisti... [cf. AMH 2, 644; LR 251; cf. K. p.
225, Anm. 1212; CAO 4332]
7. Resp. Die ist die schönstew vntter den töchtern iherusalem... (V.)
Mit deiner gestalt... = Ista est speciosa inter filias Ierusalem... V.
Specie tua... [Mit anderem, aber melodisch identischem Vers „*Ista
est quae*...": LR 378; mit wieder anderem, ebenfalls melodisch
identischem Vers „*Ista est speciosa*": PM 312; die Mel. von AMH 2,
648 ist davon unabhängig; CAO 6994]
8. Resp. Selig pistu iunckfraw maria... (V.) Pist grüest maria...
= Beata es Virgo Maria... V. Ave Maria... [cf. LR 258; die Melodien in AR 126*, AMH 2, 650 und PM 260 sind davon unabhängig;
CAO 6165]
9. Resp. Du pist lieb gehabt von dem herren vber die seligkäit... (V.)
Das tor des paradiss... = Super salutem et omnem pulchritudinem
dilecta es... V. Paradisi porta... [mit melodisch identischem Vers
„*Sola namque*... ": LR 377 und PM 263; AMH 2, 643 hat eine
andere Melodie; CAO 7726]

(Ad) Laudes [M fol. 57'–58'; Brev. Pat. fol. 526; Ant. Pat. fol. 196–197]
1. Ant. Maria ist auffgenomen in den himel... = Assumpta est Maria in
coelum... [cf. AMH 2, 633; AR 820; LU 1606; Pal. 12, 358; CAO
1503]
2. Ant. Maria ist auffgenomen in den höchsten hymel... = Maria virgo
assumpta est ad aethereum thalamum... [cf. AMH 2, 633; AR 819;
LU 1606; Pal. 12, 358; CAO 3707]
3. Ant. Wir wandern in dem rauch deiner salben... = In odorem
unguentorum currimus... [cf. AMH 2633; AR 821; LU 1606; Pal.
12, 358; CAO 3261]
4. Ant. Du pist ein gesegnetew tochter von dem herren... = Benedicta
filia tu a Domino... [cf. AMH 2, 652; AR 821; LU 1606; Pal. 12, 358;
CAO 1705]
5. Ant. Du pist schön vnd woll geuerbt... = Pulchra es et decora... [cf.
AMH 2, 633; AR 821; LU 1606; Pal. 12, 358; CAO 4418]

Ant. ad Ben. Wer ist die dy herdringt... = Quae est ista quae ascendit... [cf. AMH 2, 653; AR 821; LU 1600; Pal. 12, 358; CAO 4425]

In der andern vesper [*In II. Vesperis*; M fol. 58'; Brev. Pat. fol. 526'; Ant. Pat. fol. 197]
Ant. ad Magn. Hewt ist maria die Junckfraw auffgestigen in die himel... = Hodie Maria virgo coelos ascendit... [cf. AR 824; LU 1607; Pal. 12, 358; CAO 3105]

Von Vnnser Frawnn gepurt [*In Nativitate B.M.V.*; K. Nr. 184, p. 227f., 303f.]
Zw der Vesper [*Ad I. Vesperas*; M fol. 59–60; Brev. Pat. fol. 543'–544; Ant. Pat. fol. 204'–206]
1. Ant. Heilige Junckfraw maria... = Sancta Maria virgo... [cf. Gött. theol. 220 fol. 52'; CAO 4705]
2. Ant. Scheppher aller ding, erparm dich v̈ber dein volckh... = Omnium rerum creator miserere populo tuo... [CAO 4158]
3. Ant. Ich pin abgangen in den garten... = Descendi in hortum... [cf. AMH 2, 645; LR 252; Pal. 12, 357; CAO 2155]
4. Ant. Mein sell ist wardenn waich... = Anima mea liquefacta est... [cf. PM 275; Pal. 12, 361; CAO 1418]
[Die 5. Antiphon „Tota pulchra es... ", CAO 5162, fehlt.]
Ant. ad Magn. Vns ist komen die gepurdt... = Adest namque nativitas... [Kassel theol. 129 fol. 229'; CAO 1266]

[*Ad Matutinum*; M fol. 60–60']
Inv. Mit dem herczenn vnd mit dem mund... = Corde et voce... [CAO 1057; fehlt im Brev. Pat. u. Ant. Pat.; dort heißt das Inv. „*Hodie nata est beata virgo maria*", CAO 1083; cf. K. p. 227, Anm. 1218; Kassel theol. 129 hat fol. 229' das Inv. von M; die Psalmodie W fol. 259'ff. ist anzuschließen]

Im ersten Nocturn [*In I. Nocturno*; M fol. 60'–62; Brev. Pat. fol. 544–544'; Ant. Pat. fol. 206–207]
1. Ant. Nymbar, du pist die schönst mein frewntin... = Ecce tu pulchra es amica mea... [cf. Pal. 12, 354; CAO 2547]
2. Ant. Als die liligen vntter den dorn... = Sicut lilium inter spinas... [cf. Pal. 12, 354; CAO 4937]
3. Ant. Dein lebs sindt fliessender honigsam mein prawt... = Favus distillans labia tua, sponsa... [cf. Pal. 12, 354; AMH 2, 640; PM 274; CAO 2855]

1. Resp. Hewt ist geporn die heilig Junckfraw maria . . . (V.) Die gepurdt der seligisten iunckfraw marie . . . = Hodie nata est beata virgo Maria . . . V. Beatissime virginis marie nativitatem . . . [cf. Pal. 12, 365, mit kleinen Varianten im Text; Kassel theol. 129 fol. 230; cf. auch Brev. Linc. p. 782; CAO 6854]

2. Resp. Mit aller andacht schickh wir vns zw der feyr der gepurd marie der Junckfrawen . . . (V.) Hewt ist gepornn die aller heiligist junckfraw marie . . . = Beatissime virginis marie nativitatem devotissime celebremus . . . V. Hodie nata est beata . . . [cf. Pal. 12, 365; CAO 6184]

3. Resp. Wir bedenckchen das versüenleich herkommen der heiligenn Junckfraw marie . . . (V.) Die gepurdt der heiligisten Junckfraw marie . . . = Gloriose virginis Marie ortum dignissimum recolamus . . . V. Beatissime virginis marie nativitatem . . . [cf. Pal. 12, 365; CAO 6781]

Im andern Nocturn [*In II. Nocturno*; M fol. 62–63′; Brev. Pat. fol. 544′–545; Ant. Pat. fol. 207–208]

1. Ant. Dein auslassen sindt als die wunsamen öpphel . . . = Emissiones tuae paradisus . . . [cf. Pal. 12, 354; Text auch Brev. Linc. p. 783; CAO 2641]

2. Ant. Du pist ein prun der garten . . . = Fons hortorum puteus aquarum . . . [cf. Pal. 12, 354; PM 275; AMH 2, 644; CAO 2887]

3. Ant. Kom her mein lieb . . . = Veniat dilectus meus . . . [cf. Pal. 12, 354, mit melodischen Varianten; CAO 5329]

4. Resp. Die heilig tag der hochgelobten gepererin . . . (V.) Die heilige gepurt . . . = Diem festum praecelse genitricis . . . V. Nativitatem hodiernam . . . [Text im Brev. Linc. p. 783; CAO 6441]

5. Resp. Mit synn vnd gemüet sag wir dem herren glori . . . (V.) Mit frolockchen . . . = Corde et animo Christo canamus gloriam . . . V. Cum iocunditate . . . [cf. Pal. 12, 367, mit and. Vers; dem Brev. Pat. entspricht Brev. Linc. l. c.; CAO 6339]

6. Resp. Maria ist gepornn aus künigklichem stam . . . (V.) Mit synn vnd gemüet sag wir dem herren glori . . . = Regali ex progenie Maria virgo exorta refulget . . . V. Corde et animo . . . [cf. Kassel theol. 219 fol. 230′; mit anderem Vers. Pal. 12, 367; cf. Brev. Linc. p. 783; CAO 7519]

Im dritten Nocturn [*In III. Nocturno*; M fol. 63′–65; Brev. Pat. fol. 545–546; Ant. Pat. fol. 208–209, 7. u. 8. Resp. umgestellt]

1. Ant. Mein swester kom her in mein garten... = Veni in hortum meum, soror mea sponsa... [cf. PM 275; Pal. 12, 355; CAO 5325]

2. Ant. Ich hab gessen den honigsam... = Comedi favum cum melle meo... [cf. mit Varianten: Pal. 12, 355; Kassel theol. 129 fol. 227; CAO 1856]

3. Ant. Mein lieb ist ein sölher vnd er ist mein frewnt... = Talis est dilectus meus et ipse amicus meus... [cf. Kassel theol. 129 fol. 227; Brev. Linc. p. 783; CAO 5098]

7. Resp. Dein gepurdt heiligew gepererin gots... (V.) Pist grüest maria... = Nativitas tua, Dei genitrix... V. Ave Maria... [cf. Pal. 12, 365, anderer Vers; Brev. Linc. p. 784; CAO 7199]

8. Resp. Die gepurt der lobsamen Junckfraw maria... (V.) Der löblichen Junckfraw marie... = Nativitas gloriosae Virginis... V. Gloriose virginis [cf. Pal. 12, 365, mit kürzerem Vers; CAO 7198]

9. Resp. Selig pistu Junckfraw maria... (V.) Pitt für das volckh, ste für die geistlichenn... = Felix namque es (sacra) virgo Maria... V. Ora pro populo, interveni pro clero... [cf. Pal. 12, 357; AR 127*; LR 255; PM 242; Cant. 95; CAO 6725]

Zu der laudes [*Ad Laudes*; M fol. 65–66; Brev. Pat. fol. 546–546'; Ant. Pat. fol. 209'f.]

1. Ant. Die gepurt marie der ersamen Junckfrawen... = Nativitas gloriose Virginis Mariae... [cf. AMH 2, 663; AR 834; LU 1625; CAO 3850]

2. Ant. Hewt ist geporn maria die Junckfraw... = Nativitas est hodie Sancta Maria virginis... [cf. AMH 2, 664; AR 834; LU 1626; Pal. 12, 368; CAO 3849]

3. Ant. Maria geporn aus künigklichem stam... = Regali ex progenie Maria exorta... [cf. AMH 2, 664; AR 834; LU 1626; Pal. 12, 368; CAO 4591]

4. Ant. Sag wir lob vnd er christo dem herren... = Corde et animo Christo canamus... [cf. AMH 2, 665; AR 835; LU 1626; Pal. 12, 368; CAO 1931]

5. Ant. Hewt mue wir vns mit frewdenn... = Cum iocunditate... [cf. AMH 2, 664; AR 835; LU 1626; Pal. 12, 368; CAO 2016]

Ant. ad Ben. Die hewtige gepurt der Junckfraw... = Nativitatem hodiernam perpetuae virginis... [cf. AMH 2, 666; AR 836; Pal. 12, 368; CAO 3853]

In der andern vesper [*In II. Vesperis*; M fol. 66–66'; Brev. Pat. fol. 364; Ant. Pat. fol. 210f.] laudes darnach die hernach geschriben antiffen

helt man an dem tag zu der suffragia [also gehört nur die über-
nächste Antiphon zur Vesp. II.]

Ant. Dein gepurt heilige gepererin gotz ... = Nativitas tua, Dei genitrix
virgo ... [cf. AMH 2, 667; AR 837; LU 1627; Pal. 12, 364; CAO 3852]

Ant. ad Magn. Als geporn was die heiligist Junckfraw maria ... =
Quando nata est virgo sacratissima ... [cf. Pal. 12, 364; CAO 4440]

3.

[Liber Hymnorum]

[W fol. 168:] Hie heben sich an die ymnus das gancz Jar [M fol. 67
ist die Rubrik durch das Beschneiden der Handschrift weggefallen. Die
Reihenfolge innerhalb der folgenden Liste entspricht der Hymnenfolge
von W; M enthält nur die Hymnen Nr. 1, 3, 4, 14, 15, 23, 24, 27, 36 und
38.]

1. Chum erlediger aller diet... = Veni redemptor gentium... [W fol.
   168; M fol. 67; W: „*Zwm ersten ad Vennt*"; M ohne Rubrik; als
   Hymnus zur 1. Vesper nach dem Resp. „*Iudea*" einzufügen; cf.
   Brev. Pat. fol. 189 u. 105; die beiden letzten Strophen, „*Dein chripp
   die scheint hie cze stund...* ", sind vor der Ant. „*Israhell*", M fol. 2',
   einzufügen; Chev. 21234; K. 7, p. 319; Ah 50, 13.]
   Mel.: Mon. 503; Mel. hung. 65; Ebel 22; ferner Wagner 3, p. 479;
   Bäumker 1, 243 Nr. I. 1.
   Übs.: Millstatt 34; Wack. 2, 775 (Loufenberg = Hoffmann 361);
   Milchsack 131; Wack. 3, 498 (Müntzer, Adventsamt); cf. Bäum-
   ker 1, 245.

2. Dv hochster beschaffer des gestirn... = Conditor alme siderum...
   [W fol. 169, „*Im advent zw der Complet vnd susst zw der vesper ymnus
   Conditor alme siderum*"; Brev. Pat. fol. 105 f.; Chev. 3733 f.; K. 8, p.
   319; Ah 51, 46.]
   Mel.: Mon. 23/2 (p. 30); Weinmann 11; Mel. hung. 38; Wagner 3,
   475; AMH 1, 329.
   Übs.: Millstatt 31; Wack. 3, 499 (Müntzer, Adventsamt); cf.
   Bäumker 1, 247 ff.

3. Uon dem angel der sunn auffgang... = A solis ortus cardine... [W
   fol. 170'; M fol. 68; W: „*Zwn weinachten ymnus*"; M: „*In der andern
   vesper ymnus A solis ortu*"; einzufügen nach der Ant. „*Von der
   frucht...* ", cf. Brev. Pat. fol. 193' u. 106', ferner im Formular der
   2. Vesper von *In Purif. B. M. V.* vor der *Ant. ad Magn.* „*Hewt hat
   maria*", cf. Brev. Pat. fol. 246'; Chev. 26; K. 11, p. 320; Ah 50, 58.]
   Mel.: Mon. 53; Ebel 25; Weinmann 13; Mel. hung. 65; Bernoulli,

Anh. p. 19; Bäumker 1, 280; AR 266; LU 400; ON 94; AMH 1, 412.

Übs.: Millstatt 37; Wack. 2, 562 (Mönch von Salzburg = Hoffmann 281); Milchsack 132; Wack. 3, 500 (Müntzer, Weihnachtsamt); cf. Bäumker 1, 280f.

4. Uon des vaters hercz geparen... = Corde natus ex parentis... [W fol. 172; M fol. 69'; W ohne Rubrik, M: „Czu der Complet ymnus Corde natus ex parentis"; Complet Infra Oct. Nat. Dom., also einzufügen vor der Ant. ad Cant. Sim. „Wir loben dich" M fol. 12', cf. Brev. Pat. fol. 193' u. 106'f.; In Purif. B. M. V. Ad Compl. einzufügen nach der Ant. ad Magn. „Der alt trueg" M fol. 14, cf. Brev. Pat. fol. 244; Chev. 3902; K. 12, p. 320; Ah 50, 26.]

   Mel.: Mon. 504; Ebel 24; Mel. hung. 105; Bäumker 1, 282.
   Übs.: Millstatt 42; Wack. 2, 761 (Loufenberg = Hoffmann 294); Milchsack 134; cf. Bäumker 1, 281.

5. Heiliger edler vnd erster martrer gots sant Steffann... = Sancte Dei pretiose protomartyr Stephane... [W fol. 174, „Von sant Stephan zw der vesper ymnus", cf. Brev. Pat. fol. 1, 107, 195'; Chev. 18461; K. 13, p. 320; Ah 52, 297.]

   Mel.: Mon. 162; identisch mit Nr. 28, 32, 37.
   Übs.: Millstatt 39.

6. Uenit Herodes vnguetiger... = Hostis Herodes impie... [W fol. 174', „An der heiligen drey kunig tag"; In Epiphania Dom. Ad Vesp., cf. Brev. Pat. fol. 219 u. 107; Chev. 8073; K. 14, p. 320; Ah 50, 58.]

   Mel.: Mon. 505; Ebel 26; Wagner 3, 475; AMH 1, 457; LR 69.
   Übs.: Millstatt 43; Milchsack 133; Wack. 3, 500 (Müntzer, Weihnachtsamt).

[M fol. 71': „Zu der Liechtmeß ymnus Von anfanckh der Sunn oder Von dem angell der sun auffganck: ist vor genottirt. Zw der Complet ymnus Von des vaters hercz". Die beiden ersten zitierten Hymnenanfänge verweisen auf die Nr. 3, der letzte auf Nr. 4.]

7. Nv sing wir alle den suessen sanck alleluia... = Cantemus cuncti melodum nunc alleluia... [W fol. 175': „So man das alleluia nyder legt ymnus"; Brev. Pat. fol. 165 u. 109; In Septuages. Ad Vesp.; dieser Gesang hat zwar die liturg. Funktion eines Hymnus, ist aber eine Sequenz; Chev. 2581; K. 15, p. 321; Ah 53, 60.]

   Mel.: Mel. hung. 63ff.

8. Die freyen teg ys ledigkleich... = Dies absoluti praetereunt... [W fol. 177, „*Am Suntag im Sybenczigistenn ymnus*"; *In Septuages. Ad Vesp. II.*, cf. Brev. Pat. fol. 169' u. 109': „*Hymnus non dicitur nec Dominicis diebus, nec ferialibus, nisi sabbatinis noctibus tunc dicitur*"; Chev. 4601; K. 16, p. 321; Ah 52, 3.]
Mel.: Mon. 508; Ebel 41; Mel. hung. 78.
Übs.: Millstatt 49.

9. Wir christen schullen leren von geistlicher gewonhäit... = Ex more docti mystico... [W fol. 179, „*Ymnus in der Vastenn*"; *Dominica I. et II. In temp. quadrag. Ad Vesp. I. et II.*, cf. Brev. Pat. fol. 277', 279, 283' und 109'; Chev. 5610; K. 17, p. 321; Ah 51, 55.]
Mel.: Mon. 412; Ebel 38; Mel. hung. 50; Bäumker 1, 427f.
Übs.: Millstatt 53; Gillitzer 19.

10. Christe du pist das liecht... = Christe, wui lux es es dies... [W fol. 180', „*Zw der Complet ymnus*"; *In temp. quadrag. Ad Compl.*, cf. Brev. Pat. fol. 277 u. 110; Chev. 2934; K. 18, p. 321; Ah 51, 21.]
Mel.: Mon. 9; Weinmann 9; Ebel 14; Mel. hung. 46; Bernoulli, Anh. 17.
Übs.: Murbach 16; Wack. 2, 563 (= Bernoulli l. c.), 564–567, 1096 (*Hortulus animae*); Gillitzer 22; cf. Bäumker 2, 246f.

11. Die clar der gir der vasten wirt der welt hymlischen geczaigt... = Clarum decus ieiunii [W fol. 182, „*In der metten xiiii tag Clarum decus ymnus*"; *Dom. I. In temp. quadrag. Ad Laudes*; Brev. Pat. fol. 179 u. 110'; Chev. 3362; K. 19, p. 321; Ah 51, 57.]
Mel.: Mon. 510; Ebel 32; Mel. hung. 52.
Übs.: Millstadt 54.

12. Gvetiger scheppher horr vnser gepett... = Audi benigne, Conditor... [W fol. 183, „*Zw der metten xiiii tag Audi benigne ymnus*"; *Domin. III. In temp. quadrag. Ad Laudes*; Brev. Pat. fol. 290' und 110'; Chev. 1449ff.; K. 21, p. 321; Ah 51, 53.]
Mel.: Mon. 55; Ebel 40; Mel. hung. 11; AMH 1, 333; AR 362; (Weinmann 17 hat starke Varianten).
Übs.: Millstatt 55; Gillitzer 18; cf. Bäumker 1, 425f.

13. Jhesu heiliger der virzigtegigen messigkeit... = Jesu quadragenariae... [W fol. 184, „*In der vesper xiiii tag ymnus jhesu quadragenarie*"; *Domin. III. In temp. quadrag. Ad Vesp.*; Brev. Pat. fol. 188' und 110'; Chev. 9607; K. 20, p. 321; Ah 51, 58.]

Mel.: Mon. 511; Ebel 39; Mel. hung. 10.
Übs.: Millstatt 59.

14. Gegrüesst bist des meres stern ... = Ave maris stella ... [W fol. 185;
M fol. 71'; W: „*Vonn vnser frawn chundung*"; M: „*Darnach von
vnnser frawn Chündung ymnus*"; *In Annunt. B. M. V. Ad Vesp. I.*,
einzufügen nach dem Resp. „*Pis grüest*" M fol. 43', wo der Anfang
des Hymnus abweichend mit „*Pis grüest ein stern des mers*" zitiert
wird, cf. Brev. Pat. fol. 259'; *Ad Vesp. II.* am Ende des Formulars
M fol. 50 einzufügen, cf. Brev. Pat. fol. 261 u. 109; Chev. 1889; K.
32, p. 323; Ah 51, 140.]
   Mel.: Mon. 67; Weinmann 36; Mel. hung. 1; AMH 223; AR [117];
LU 1259; Bernoulli, Anh. 34; Mel. Nr. 14 ist identisch mit Nr.
44.
   Übs.: Millstatt 52; Wack. 2, 594 (= Bernoulli, l. c.), 757 (Loufenberg), 887 (= Hoffmann 284), 888 (= Hoffmann 462), 1077 (*Hortulus animae*), 1346; Milchsack 135; Gillitzer 1; cf. Mone 2, 218
und 227, sowie Bäumker 2, 74 ff.

15. Die porten christi durchgengig wirt ... = Fit porta Christi pervia ...
[W fol. 186; M fol. 72'; M: „*Czu der Complet ymnus*"; W: „*Zw der
Complet*"; *In Annunt. B. M. V. Ad Compl.*, einzufügen vor dem Inv.
M fol. 43' – cf. Brev. Pat. fol. 159' –, *In Assumpt. B.M.V. Ad Compl.*
vor der *Ant. ad Cant. Sim.* „*Gancz pistu schonn*" M fol. 52', wo der
Textanfang abweichend als „*Die porten christi peleibt*" zitiert ist –
cf. Brev. Pat. fol. 524 –, *In Nat. B. M. V. Ad Compl.* vor dem Inv.
M fol. 60, cf. Brev. Pat. fol. 544, ferner 109; Chev. 6346; K. 33, p.
323; Ah 27, 118.]
   Mel.: Mon. 402; Ebel 35 (Anm.); Weinmann 57; Mel. hung. 29;
die Mel. ist identisch mit der von Nr. 70–73.
   Übs.: Millstatt 46; Wack. 2, 1078 (*Hortulus animae*).

16. Die feen des chünigs gent herfür ... = Vexilla regis prodeunt ... [W
fol. 187, „*Ympnus in der marter wochenn*" ad *I. Vesp.*, cf. Brev. Pat.
fol. 299', 306 und 111; Chev. 21481, K. 22, p. 321; Ah 50, 74.]
   Mel.: Mon. 32; Weinmann 20; Ebel 46; Mel. hung. 32; Wagner 3,
470; AMH 1, 337; AR 405; OMH 161.
   Übs.: Millstatt 60; Wack. 2, 928; Gillitzer 23; Hoffmann 217;
Wack. 3, 502 (Müntzer, Passionsamt); cf. Bäumker 1, 441 ff.

17. Christe ein chunig vnd stiffter aller ding ... = Rex Christe factor
omnium ... [W fol. 188', „*In der Metten die lesten xiiii tag Ymnus*",

ad Laudes, oder, wie man früher sagte, *in Matutinis laudibus*; cf. Brev. Pat. fol. 301' und 111; Chev. 17408, K. 23, p. 321; Ah 51, 71.]
Mel.: Mon. 12; Ebel 48; Mel. hung. 16.
Übs.: Millstatt 62; Wack. 2, 595, Wack. 3, 501 (Müntzer, Passionsamt); cf. Bäumker 1, 458 ff.

18. Leben der heiligen vnd ein czir der engell... = Vita Sanctorum, decus angelorum... [W fol. 189', *„Zum Ostern Inn der vesper ymnus"*, cf. Brev. Pat. *„in octaua pasce"*, *Ad Vesp. I.* fol. 332', *Ad Vesp. II.* fol. 336, ferner fol. 111 f.; Chev. 21977; K. 24, p. 332; Ah 51, 90.]
Mel.: Mon. 423; Ebel 55; Mel. hung. 87.
Übs.: Millstatt 67; Wack. 3, 504 (Müntzer, Osteramt); cf. Bäumker 1, 554 f.

19. Zvm abentessen des lamps fürsichtig... = Ad coenam agni providi... [W fol. 191, *„Zw der Complet"*; *Infra oct. paschae. Ad Compl.*; Brev. Pat. fol. 333 u. 111; Chev. 110; K. 25, p. 322; Ah 57, 87.]
Mel.: Mon. 4; Ebel 53, Mel. hung. 74; AMH 2, 330.
Übs.: Murbach 21; Millstatt 63; Wack. 2, 934; Wack. 3, 503 (Müntzer, Osteramt); cf. Bäumker 1, 534 ff.

20. Grüsst bis heiliges kreuz... = Salve crux sancta... [W fol. 192', *„Von dem heiligen kreucz Ymnus"*; Brev. Pat. fol. 111'f.; Chev. 17875; K. 34, p. 323; Ah 50, 291.]
Mel.: Mon. 152 (p. 230); Mel. hung. 95 (nach R 81); identisch mit Mel. Nr. 30.
Übs.: Millstatt 88; cf. Bäumker 1, 621.

21. Die hochczeit so löbleich... = Festum nunc celebrae... [W fol. 194, *„Am Auffartag ymnus"*; *In Ascens. Domini. Ad Vesp. I.*, cf. Brev. Pat. fol. 353 und 112 f.; Chev. 6264; K. 26, p. 322; Ah 50, 192.]
Mel.: Mon. 512; Weinmann 56; Ebel 58; Mel. hung. 30; Bernoulli, Anh. 71.
Übs.: Millstatt 68; Wack. 2, 589 = Bernoulli, l. c. (Mönch von Salzburg); cf. Bäumker 1, 629 f.

22. Jhesu vnser erledigung... = Jesu nostra redemptio... [W. fol. 195', *„Zw der Complett"*; *In Ascens. Domini. Ad Compl.*, cf. Brev. Pat. fol. 353' und 112'; Chev. 9581; K. 27, p. 322; Ah 51, 95.]
Mel.: Mon. 513; Weinmann 27; Ebel 60; Mel. hung. 6 (nach R 81); Wagner 3, 467; AMH 2, 378.

Übs.: Millstatt 70; Wack. 3, 505 (Müntzer, Pfingstamt); cf.
Bäumker 1, 560 f.

23. Chum her scheppher heiliger geist... = Veni creator spiritus... [W
fol. 196'; M fol. 73'; W: „*Zw Phingsten Ymnus*"; M: „*Von dem
heilgen geist ymnus*"; *In Pentec. Ad Vesp. I.*, einzufügen vor der
Ant. ad Magn. „*Ich wird euch*" M fol. 27' – hier mit abweichendem
Textanfang „*Kum beschaffer heiliger geist*" bezeichnet –, cf. Brev.
Pat. fol. 377'; *Ad Vesp. II.* einzufügen vor der *Ant. ad Magn.* „*Hewt
sind*" M fol. 31', cf. Brev. Pat. fol. 379; ferner *Infra oct. Pentec.* M
fol. 30': „*Die achtag singt man zw allen tagczeitten den ymnus kum
beschaffer*", d. h. *ad Laudes et per Horas*; Chev. 21204; K. 28, p. 322;
Ah 50, 193.]
   Mel.: Mon. 17; Weinmann 4 (Text 31); Ebel 61; Wagner 3, 476;
   Mel. hung. 73; Bernoulli, Anh. 18; AMH 2, 389; AR 500; LU 885.
   Übs.: Millstatt 71; Wack. 2, 46 (= Hoffmann 359), 778 (Misch-
   poesie), 985, 1073 (= Hoffmann 273); Bernoulli l. c.; Wack. 3,
   506 (Müntzer, Pfingstamt).

24. Seligew vns vill grosse frewd hat widerpracht... = Beata nobis
gaudia... [W fol. 126; M fol. 74'; W ohne, M mit falscher Rubrik;
sie gehört zu der folgenden, abweichenden Übersetzung des gleichen Hymnentextes; die vorliegende Übersetzung gehört zum Formular der Laudes; Chev. 2339; K. 29, p. 322; Ah 51, 97.]
   Mel.: Mon. 618.
   Übs.: Millstatt 73.

25. Wunsamen frewd hat vns pracht... = Beata nobis gaudia... [W
fol. 199; W hat keine, M zu Nr. 24 die folgende, hierher gehörige
Rubrik: „*Czw der Complet ymnus Wunsam frewd Beata nobis gaudia*"; der Hymnus ist einzufügen nach der Ant. „*Der heilig geist*" M
fol. 27', wo die Stelle durch das Incipit „*Wunsam fred hat vns
pracht*" markiert ist; *In Pentec. Ad Compl.*, cf. Brev. Pat. fol. 377 f.;
Chev. 2339 (s. o. Nr. 24).]
   Mel.: Mon. 530 (B); Weinmann 30; Ebel 62; Mel. hung. 26 (R 81).
   Übs.: Millstatt 73.

26. O liecht heilige driualtigkait... = O lux beata trinitas... [W fol.
200', „*Von der heiligen driualtigkäit zw der vesper O lux beata*", cf.
Brev. Pat. fol. 348' und 112'; Chev. 13150; K. 5, p. 318; Ah 51, 38.]
   Mel.: Mon. 22/5 (p. 252); Mel. hung. 19 (R 81); Bernoulli, Anh.
   19; cf. Bäumker 1, 662.
   Übs.: Millstatt 29; Bernoulli, l. c.; Bäumker l. c.

27. Singe czunge des löbleichen Leichnamens... = Pange lingua glo-
riosi corporis mysterium... [W fol. 201; M fol. 75'; W: *„An gotsleichnams tag ymnus"*; M: *„Zw gotsleichnams tag ymnus Pange lingua"*; *In festo SS. Corp. Christi. Ad Vesp. I.*, einzufügen vor der
Ant. ad Magn. „O wie gar sues" M fol. 33 – hier bezeichnet als
„Vnser czungen bekennen" –, cf. Brev. Pat. fol. 387'; *ad Vesp. II.*
einzufügen vor der *Ant. ad Magn. „O heilige wirtschafft"* M fol. 41'
– hier bezeichnet mit der gleichlautenden, ungenauen Rubrik –, cf.
Brev. Pat. fol. 389; *ad Compl.* sind nach M fol. 33' vor der *Ant. ad
Cant. Sim. „O hymlisch prott" „Die leczern czwen vers aus dem ymnus
Vnser zungen"* = *Tantum ergo sacramentum* einzufügen; cf. Brev.
Pat. fol. 384'; Chev. 14467; Ah 50, 386.]
  Mel.: Mon. 56; Weinmann 19 (Text 53); Ebel 47; Wagner 3, 478;
  Bernoulli, Anh. 36; AMH 2, 430, 774; VP 9; AR 527; LU 957;
  Cant. 37.
  Übs.: Wack. 2, 568 (Mönch von Salzburg) = Hoffmann 329
  = Bernoulli, Anh. 36; Wack. 2, 569 – 572, 1072 (= Hoffmann
  267); Gillitzer 24; cf. Bäumker 1, 693 ff.

28. Stat selige iherusalem gesprochen... = Urbs beata Ierusalem...
  [W fol. 202', *„von dem kirchtag ymnus"*; *In Dedic. Eccl.*; Chev.
  20918; K. 53, p. 325; Ah 51, 110.]
  Mel.: Wagner 3, 474; AMH 212; identisch mit Mel. Nr. 5.
  Übs.: Millstatt 101.

29. Das mügen singen mit erlisten adern... = Ut queant laxis, resonare
  fibris... [W fol. 205, *„Von sandt Johans Ze Sunbenten"*, d. h. wohl
  zur Sonnwende; *In Nat. S. Joh. Bapt. Ad Vesp. I*; Brev. Pat. fol.
  458'; Chev. 21039; K. 35, p. 323; Ah 50, 120.]
  Mel.: Mon. 72; Ebel 63; Mel. hung. 84; Bernoulli, Anh. 68; AMH
  2, 557.
  Übs.: Millstatt 74; Wack. 2, 559 (= Bernoulli l. c.); Gillitzer 16
  und 28.

30. Mit gulden liechte... = Aurea luce... [W fol. 207, *„Von Sandt
  peter"*; *SS. Petri et Pauli. Ad Vesp. I.*; Brev. Pat. fol. 464'; *Ad Vesp.
  II.* Brev. Pat. fol. 466'; Chev. 1596; K. 36, p. 323; Ah 51, 216.]
  Mel.: Mon. 152; Ebel 66; Mel. hung. 95; Bernoulli, Anh. 20;
  identisch mit Mel. Nr. 20.
  Übs.: Millstatt 76.

31. Vns sind komen mit Jubel die Hochczeit... = Assunt festa iubi-
  laea... [W fol. 209', *„Als Maria haymsucht Elisabeth ymnus"*; *In*

Visit. B. M. V. Ad Vesp. I. et II.; an dieser Stelle sieht das Brev.
Pat. fol. 471 und 474 „*In Mariam vite viam"* vor; cf. auch Brev.
Linc. 690; Chev. 549; Ah 48, 432.]
Mel.: identisch mit Mel. Nr. 46 und, eine Quart tiefer, zu Nr.
66–69.
Übs.: –

32. Jhesu christe merers leben . . . = Iesu Christe auctor vitae . . . [W fol.
211, „*Von Sant Marie Magdalen ymnus"*; *S. Mariae Magd. Poenit.
Ad Vesp. I.*, cf. Brev. Pat. fol. 488'; Chev. 9469; K. 37, p. 323; Ah
51, 196.]
Mel.: Mon. 162; identisch mit Mel. zu Nr. 5.
Übs.: –

33. In eren der witib ersann den tag irer Hochczeit . . . [W fol. 211',
„*Von Sandt Anna vnser frawn mueter ymnus"*; Vorlage unbekannt;
Brev. Pat. fol. 495' hat als *Hymnus ad Vesp. I. „Ave vite vitis, aua
christe mitis"*, Chev. 2277, K. p. 324, Anm 1546, den auch viele
andere deutsche Breviere aufweisen.]
Mel.: mit dem Text „*Dies absoluti"*: Mon. 508/1 und Mel. hung.
78; identisch mit Mel. zu Nr. 40.
Übs.: ?

34. Got ein herre aller ding . . . = Deus Deorum Domine: rex sempiterne
glorie . . . [W fol. 213, „*Von sant Stephann ymnus Deus tuorum"*, das
letzte Wort wohl irrtümlich; Brev. Pat. fol. 501 „*In inuentione
sancti Stephani summum festum"* – weil im Passauer Sprengel der
Hl. Protomartyr als Diözesanheiliger verehrt wurde, weswegen
dem Brev. Pat. auch das Formular dieses Heiligen vorgeheftet ist
– *Ad Vesp.*; Chev. 4435; K. p. 324, Anm; Ah 50, 293.]
Mel.: Mon. 52; Mel. hung. 41; identisch mit Mel. zu Nr. 49.
Übs.: –

35. Frew dich herleiche stat augspurgkh . . . = Gaude civitas Augu-
sta . . . [W fol. 214, „*Von sandt Affra"*, Brev. Pat. fol. 511; *de S.
Afra. Ad Vesp.*; Chev. 6729; K. p. 324, Anm.; Ah 52, 84.]
Mel.: Mon. 517; R. Stephan, JbfHymn. 2, 1956, p. 99; Fischer-
Lexikon 5, 1957, 251.
Übs.: –

36. Den erd das mer vnd himelreich erent . . . = Quem terra pontus
aethera . . . [W fol. 216; M fol. 77; W:„*Van vnser frawn schiedung"*;
M: „*Von Vnnser ffrawn Schiedung ymnus Quem terra"*; *In Assumpt.*

B. M. V. Ad Vesp. I., einzufügen vor der *Ant. ad Magn. „O weiseste Junckfraw"*, bezeichnet mit *„Den anpittent predigen vnd ernt das erdreich"*, M fol. 52; eine Übersetzung gleichen Wortlauts ist weder in W noch in M nachweisbar; im Brev. Pat. fol. 523′ steht der Hymnus zur Auswahl mit *„O quam glorifica"*; *Ad Vesp. II.* einzufügen vor der *Ant. ad Magn. „Hewt ist maria"* M fol. 58′, cf. Brev. Pat. fol. 528′; Chev. 16347; K. 40, p. 323; Ah 50, 86.]

Mel.: Mon. 16; Weinmann 10; Ebel 70; Wagner 3, 466; Mel. hung. 37 (R 81).

Übs.: Millstatt 83; Gillitzer 2; Wackernagel 2, 1076 (*Hortulus animae*).

37. Grosser vater augustine... =Magne pater Augustine... [W fol. 218, *„Von Sandt Augustin ymnus"*, cf. Brev. Pat. fol. 536 – die Foliozahl ist hier verdruckt! –, *Ad Vesperas*; Chev. 10968; K. p. 324, Anm.; Ah 52, 110.]

Mel.: identisch mit der zu Nr. 5.

Übs.: –

38. Frew dich du christenhait selige mueter... =Gaude visceribus, mater in intimis... [W fol. 219; M fol. 78′; W: *„Von vnser frawn gebürd ymnus"*; M: *„Von Vnnser frawn gepurd ymnus Gaude visceribus"*; *In Nativ. B. M. V. Ad Vesp. I.*, einzufügen vor der *Ant. ad Magn. „Vns ist komen"* M fol. 60, markiert durch das Incipit *„Heilige mueter der kirchen"* – eine so beginnende Hymnenübersetzung ist nicht bekannt –, cf. Brev. Pat. fol. 543′; *Ad Vesp. II.* einzufügen vor der *Ant. ad Magn. „Als geporn was"* M fol. 66′, markiert durch dieselben Worte wie M fol. 60; cf. Brev. Pat. fol. 546′; Chev. 7042; K. 41, p. 323; Ah 51, 144.]

Mel.: Mon. 518; Ebel 71; Mel. hung. 93 (R 81).

Übs.: Millstatt 86.

39. Christe der heiligen vnd auch czyr der engeln... =Christe Sanctorum decus angelorum... [W fol. 221, *„Von sant Michael ymnus"*; im Brev. Pat. nicht vorhanden; dafür fol. 464 *„Tibi christe splendor patris... "*; Chev. 3000; Ah 50, 197.]

Mel.: Mon. 160; Mel. hung. 81 (R 132); Mel. ist identisch mit der zu Nr. 50.

Übs.: Millstatt 91.

40. Christe ihesu du gancz verdampst allew checzerey... [W fol. 222′, *„Von Sandt Jeronimo Ymnus"*; Vorlage nicht zu ermitteln; Brev.

Pat. schreibt fol. 567' im Hieronymusformular den Hymnus „*Ecce qui christi decorauit aulam* . . . " vor.]
Mel.: identisch mit der zu Nr. 33.
Übs.: ?

41. All ir hochsten orden den dieser tag. . . = Omnes superni ordines, quibus dicatur hic (haec) dies. . . [W fol. 223', „*Von allen heiligen ymnus*"; *Omn. Sanct. Ad Vesp.*, cf. Brev. Pat. fol. 598'; Chev. 14062; K. 43, p. 323; Ah 50, 295.]
Mel.: Mon. 116.
Übs.: –

42. Martine ein peichtiger gots. . . = Martine confessor Dei. . . [W fol. 224', „*Von sant mertein ymnus*"; cf. Brev. Pat. fol. 606; Chev. 11189; K. 44, p. 323; Ah 27, 218.]
Mel.: Mon. 134.
Übs.: Millstatt 98.

43. Ein newer stern erschinen ist. . . = Novum sydus emicuit. . . [W fol. 226, „*Von sandt Elsbetenn ymnus*"; *S. Elisabeth*, cf. Brev. Pat. fol. 613f.; Chev. 12372; K. p. 324 Anm.; Ah 52, 169.]
Mel.: Mon. 185 (p. 353); Mel. hung. 3 (R 81).
Übs.: –

44. Grust seist Katherina marterin. . . = Ave Katherina, martyr et regina. . . [W fol. 227, „*Von sandt Kathereinn ymnus*", Brev. Pat. fol. 624; Chev. 1716; K. p. 324, Anm.; Ah 52, 226.]
Mel.: Mon. 67; Mel. hung. 1; identisch mit Mel. zu Nr. 14.
Übs.: –

45. Entsprungen von bethsayda. . . = Exorta a Bethsaida. . . [W fol. 228, „*Von sandt andre ymnus*"; *S. Andreas*, cf. Brev. Pat. fol. 630' und 105'; Chev. 5683f.; K. 45, p. 323; Ah 52, 94.]
Mel.: Mon. 520.
Übs.: –

74. Das hewtig liecht erfrewt sich. . . = Plaudat laetitia, lux hodierna. . . [W fol. 252, „*Von sandt Niclas ymnus*"; *S. Nicolaus*, cf. Brev. Pat. fol. 480', 106 und 165; Chev. 15000; Ah 51, 209.]
Mel.: Mon. 521.
Übs.: Millstatt 100.
Dieser Hymnus ist, wohl versehentlich, am Ende des Hymnars eingetragen.

46. Der hymell frolockt sich mit lob... = Exultet coelum laudibus...
[W fol. 229', „*Von czweliffpoten ymnus*"; *Commune de Sanctis, de Apostolis. Ad Vesperas*, cf. Brev. Pat. fol. 113; Chev. 5832; K. 46, p. 325; Ah 51, 125.]
Mel.: identisch mit der zu Nr. 31; eine Quart tiefer: Nr. 66–69; cf. Mel. hung 17; Bäumker 2, 159 (Quint tiefer).
Übs.: Millstatt 104.

47. (Derselbe Hymnus mit anderer Melodie) [W fol. 231, „*die ander nott ymnus*".]
Mel.: Mon. 52; Bäumker 1, 30.

48. Chunig lobsamer der martrer... = Rex gloriose martyrum, corona confidentium... [W fol. 232, „*Von den martrern ymnus*"; *Comm. de Martyr. Ad Vesp. I.*, cf. Brev. Pat. fol. 119', wo „*Sanctorum meritis inclita gaudia, pagamus socii*" zur Auswahl gestellt ist; Chev. 17453; K. 48, p. 325; Ah 51, 128.]
Mel.: Mel. hung. 5; Mon. 158/2 (p. 242); cf. Bäumker 2, 166f.
Übs.: Millstatt 108.

49. Gott der du deiner ritter pist... = Deus tuorum militum, sors et corona praemium, laudes canentes... [W fol. 233, „*Von einem martrer ymnus*"; *In Nat. unius Mart. Ad Vesp. I.*, cf. Brev. Pat. fol. 125; Chev. 4534; K. 49, p. 325; Ah 51, 130.]
Mel.: Mel. hung. 41; identisch mit Mel. zu Nr. 41.

50. Der peichtigere des herren so heilig des hochczeit... = Iste confessor Domini... [W fol. 234, „*Von peichtigern ymnus*"; Brev. Pat. fol. 129: „*De confessore et pontifice*". *Ad Vesp. I.*; Chev. 9136; K. 50, p. 325; Ah 51, 134.]
Mel.: Wagner 3, 469; identisch mit der zu Nr. 39.
Übs.: Millstatt 110.

51. Ihesu ein coron der Iunckfrawen... = Iesu corona virginum... [W fol. 235, „*Von den hawbt Iunckfrawnn ymnus*"; Brev. Pat. fol. 136'; *Comm. virg. Ad Vesp. I.*; Chev. 9507f.; K. 51, p. 325; Ah 50, 20.]
Mel.: Mon. 107; Mel. hung. 83.
Übs.: Millstatt 112.

52. Der Iunckfrawen chinde vnd scheppher... = Virginis proles opifex... [W fol. 236', „*Von den Iunckfrawnn ymnus*"; *Comm. de Virg. et. Mart. Ad Vesp. I.*; cf. Brev. Pat. fol. 139'; Chev. 21703; K. 52, p. 325; Ah 51, 137.]

Mel.: Mon. 107; Mel. hung. 83.
Übs.: Millstatt 113.

„Die hernach geschriben ymnus geent auff die tagczeit" [W fol. 237']

53. Dich vor dem endt des liechtes scheppher... = Te lucis ante termi-
num... [W fol. 237'; die Rubrik cf. vor diesem Text; *Dominica. Ad
Compl.*, Brev. Pat. fol. 100'; Chev. 20138; Ah 51, 42.]
    Mel.: Mon. 5; Mel. hung. 23; Wagner 3, 472f.; identisch mit der
Mel. zu den Nr. 54, 56, 58, 60.
    Übs.: Millstatt 10.

54. Ycz zw dem auffgang des sternes liecht... = Iam lucis orto sidere... [W fol. 238, *„Zw der prey der lobsanck an den suntagen"*;
Domin. Ad Primam; einzufügen W. fol. 19' an der durch *„Ycz czu
der liechten sterne schein"* markierten Stelle; cf. Brev. Pat. fol. 28;
Chev. 9272; Ah 51, 40.]
    Mel.: Ebel 82; cf. oben bei Nr. 53.
    Übs.: Millstatt 5; Ah 48 Nr. 457, p. 474 (= Pfleger 61).

55. (Derselbe Hymnus mit anderer Melodie) [W fol. 239, *„an den werichtagen der lobsanckh"*; Ferialhymnus. *Ad Primam.*]
    Mel.: Mon. 585; identisch sind die Mel. zu den Nr. 57, 59, 61.

56. Nv du heiliger geist ains dem vater... = Nunc sancte nobis spiritus... [W. fol. 240, *„Der lobsang an Suntagen oder andern veirtagen"*; *Domin. Ad Tertiam*, Brev. Pat. fol. 35'; Chev. 12586; Ah 50,
19.]
    Mel.: cf. bei Nr. 53.
    Übs.: Millstatt 6.

57. (Derselbe Hymnus mit der Mel. von Nr. 55) [W fol. 240', *„In den
werchtagen scholl man singen den lobsangk"*; Ferialhymnus. *Ad Tertiam.*]

58. Lautter warhaffter mechtiger got... = Rector potens, verax
Deus... [W fol. 241, *„Zw der Sext am Suntag vnd an veirtagen den
lobsangk"*, cf. Brev. Pat. fol. 38; *Domin. Ad Sextam*; Chev. 17061;
Ah 50, 20.]
    Mel.: cf. Nr. 53.
    Übs.: Millstatt 7.

59. (Derselbe Hymnus mit der Mel. von Nr. 55) [W fol. 242, „*Den lobsanck sung man an den werichtagen*"; Ferialhymnus. *Ad Sextam.*]

60. Gott aller ding die haltund chrafft... = Rerum Deus, tenax vigor... [W fol. 242′, „*Zw der Nonn der lobsanck am veirtag*"; *Domin. Ad Nonam*, cf. Brev. Pat. fol. 40; Chev. 17328; Ah 50, 20.]
Mel.: cf. Nr. 53.
Übs.: Millstatt 8.

61. (Derselbe Hymnus mit der Mel. von Nr. 55) [W fol. 243, „*der lobsanck an den werichtagen*"; Ferialhymnus. *Ad Nonam.*]

62. (Hymnus Nr. 54 mit anderer Melodie) [W fol. 243′, „*Zw der hochczeitlichen tägen die nicht aygen ymnus haben zw der preym der lobsanckh*"; *Tonus in maioribus festis.*]
Mel. nicht nachweisbar; identisch mit der zu Nr. 63, 64, 65.

63. (Hymnus Nr. 56 mit der Mel. von Nr. 62) [W fol. 245, „*Zw der Tercz an höchczeitlichen tagen singt man den lobsangkh*"; *Tonus in maior. festis.*]

64. (Hymnus Nr. 58 mit der Mel. von Nr. 62) [W fol. 245′, „*Zw der Sext an höchczeitlichen tagen der lobsangk*"; *Tonus in maior. festis.*]

65. (Hymnus Nr. 60 mit der Mel. von Nr. 62) [W fol. 246, „*Zw der Nonn an hochczeitlichen tagen singt man den lobsangk*"; *Tonus in maior. festis.*]

66. (Hymnus Nr. 54 mit anderer Melodie) [W fol. 246′, „*von den czweliffpoten zw der preym der lobsanck*"; *Comm. de Apost. et Evang.*]
Mel.: cf. Nr. 31; identisch mit Mel. Nr. 67, 68, 69.

67. (Hymnus Nr. 56 mit der Mel. von Nr. 66) [W fol. 247′, „*Zw der tercz von den czweliffpoten den lobsanck*"; *Comm. de Apost. et Evang.*]

68. (Hymnus Nr. 58 mit der Mel. von Nr. 66) [W fol. 248′, „*Zw der Sext von den czweliffpoten der lobsangk oder ymnus*"; *Comm. de Apost. et Evang.*]

69. (Hymnus Nr. 60 mit der Mel. von Nr. 66) [W fol. 249, „*Czu der Non von den czweliffpoten der lobsangkh*"; *Comm. de Apost. et Evang.*]

70. (Hymnus Nr. 54 mit anderer Melodie) [W fol. 249′, „*Von vnser lieben frawen czw der preym der lobsangkh*"; *Commune de B.M.V.*]
Mel.: Mon. 402; cf. Mel. Nr. 15; identisch mit der Mel. von den Nr. 71, 72, 73.

71. (Hymnus Nr. 56 mit der Mel. von Nr. 70) [W fol. 250′, *„Zw der Tercz vn vnser lieben frawen ymnus“*; *Comm. de B.M.V.*]

72. (Hymnus Nr. 58 mit der Mel. von Nr. 70) [W fol. 251, *„Zw der Sext von vnser lieben frawen der lobsangkh“*; *Comm. de B.M.V.*]

73. (Hymnus Nr. 60 mit der Mel. von Nr. 70) [W fol. 251′, *„Czw der Nonn von vnser lieben frawen der lobsanckh“*; *Comm. de B.M.V.*]

74. (cf. oben, nach Nr. 45.)

4.

[*Antiphona B. M. V. in fine Officii*]

Gegruest seistu kunigin der parmherczigkait... = Salve Regina
misericordiae... [M fol. 80'–81; cf. A. Orel in: *Studien zur Musikwiss.*
7(1920) 89ff., nach vielen Handschriften; das Faksimile der Handschrift
München UB 8° 178, fol. 178 im *Fischer-Lexikon* 5, 1957, 43; AR 68; LU
276; AMH 61; vgl. ferner Joh. Maier, *Studien zur Gesch. d. Marienantiphon „Salve Regina"*, 1939, wo die reiche ältere Literatur genannt ist.]

5.

[W fol. 258:] Hie heben sich an die Venite [*Toni Psalmi Invitatorii*]

[Da im Abschnitt XVI sämtliche Invitatoriumspsalmtöne in der Reihenfolge des folgenden Verzeichnisses mitgeteilt werden, freilich nur mit jeweils dem ersten Vers von Ps. XCIV, während in der Handschrift W stets alle Verse und die anschließende Doxologie mit Noten aufgezeichnet sind, ist hier auf Textinitien verzichtet.]

1. W fol. 258–259′; 4. Ton, zu M fol. 2′ (*Nativ. Dom.*), fol. 14′ (*Purif. B. M. V.*); cf. AMH 1, 387; LR 11; LU 368.

2. W fol. 259′–261′; 4. Ton, zu W fol. 1 (*Die Dominica*), M fol. 34′ (*Corp. Chr.*), M fol. 43′ (*Annunt. B. M. V.*), M fol. 53 (*Assumpt. B. M. V.*), M fol. 60 (*Nat. B. M. V.*); cf. Wagner 3, 178 (4/iii); LR 14; LU 918.

3. W fol. 261′–263′; 7. Ton, zu M fol. 22 (*Domin. Resurr.*); cf. Wagner 3, 179f.; LR 24.

4. W fol. 263′–265′; 5. Ton, zu M fol. 28 (*Dom. Pent.*); cf. Wagner 3, 179; AMH 2, 392; LR 19.

5. W fol. 265′–267′ = Nr. 1.

6. W fol. 267′–269′; 6. Ton (oder transpon. 2. Ton); cf. Wagner 3, 179 (6/i) = LR 21, beide nicht identisch mit W.

7. W fol. 269′–271′; 2. Ton; cf. Wagner 3, 180; LR 6.

8. W fol. 271′–273′; 3. Ton (in W ist das Modell Wagner 3, 177 melismatisch reicher ausgestaltet, vgl. auch LR 9, dessen Version aber der von W noch ferner steht).

9. W fol. 274–275′; 6. Ton (W fol. 273′: „*Von den ferien Nach dem Suntag Judica*"; dieses Modell schränkt also die Bedeutung von Nr. 14 ein); cf. Wagner 3, 179 (6/ii), nicht ganz identisch.

10. W fol. 276–277′; 7. Ton.

11. W fol. 277′–279; 7. (?) Ton.

12. W fol. 279–281; 7. (?) Ton, wahrscheinlich transponierter 8. Ton, der bisher bei der Invitatorialpsalmodie nicht bekannt ist (cf. B. Stäblein in MGG 6, 1957, col. 1393). Da aus der Handschrift W nicht ersichtlich ist, zu welchem Invitatorium dieses Modell

gebraucht wurde, seine Vorlage aber noch nicht nachweisbar ist, kann die Frage der Tonartzuordnung hier nicht entschieden werden.

(Hier sind die beiden im 1. Faszikel der Handschrift W ausgeschriebenen Invitatorialpsalmtöne anzuschließen:)

13. W fol. 24–26; 3. Ton, *Ad Feria II.*; cf. Wagner 3, 177 (in W eine Quint abwärts transponiert).

14. W fol. 40′–42; 6. Ton, *Ad Feria III.*; ferner zu W fol. 56, wo zur *Feria IV.* irrtümlich das Inv. „*In manu tua*" fehlt; zu W fol. 69′ (*Fer. V.*), W fol. 86 (*Fer. VI.*), W fol. 102 (*Sabb.*).

XV.

Da die Psalmodie der Handschrift W über einen großen, wenn auch nicht ungewöhnlichen Formelvorrat verfügt und da ferner gerade bei der Anwendung der Psalmformeln auf den deutschen Text erkannt werden kann, ob Bearbeitung und Übersetzer dem neuen Text gerecht wurden, sei sie hier dargelegt. Außer der Offiziumspsalmodie ist hier die Psalmodie der Cantica, soweit sie sich der Formeln der einfachen Offiziumspsalmodie bedient, berücksichtigt. Es sind also alle Cantica beachtet, mit Ausnahme des *Canticum Zachariae „Benedictus Dominum"* und des in den beiden Handschriften nie mit Noten aufgezeichneten *Canticum B. M. V. „Magnificat".* Ausgeschlossen ist ferner die Invitatorialpsalmodie. Die Formeln für das übersetzte *„Benedictus"* und den Invitatoriumspsalm *„Venite"* sind im folgenden Abschnitt vollständig mitgeteilt.

Für die einfache Offiziumspsalmodie der Handschrift W ist das Fehlen jeglicher Initien charakteristisch. Eine Ausnahme bilden nur eine Terminatio (Schlußkadenz) des 1. Tons sowie die nur einmal erscheinende Formel des tonus peregrinus. In der Regel beginnt also die Psalmodie des Offiziums direkt auf dem Tenor. Außerdem fehlen in den einzig hier betrachteten mit Noten versehenen ersten Versen der einzelnen Psalmen oder Psalmgruppen (mit zwei unerheblichen, daher hier vernachlässigten Ausnahmen) die Flexae.

1. Ton: Tenor a, subtonal, zweiakzentige Mediatio. 1. Modell, cf. AMH 13 (a), hier im sog. „germanischen Dialekt" mit c statt b; ferner Petit 127 und Wagner 3, 100f. (cf. auch 6. Ton).

Beispiel 1

Diese Mediatioformel wird auf verschiedene Weise dem neuen Text angepaßt:

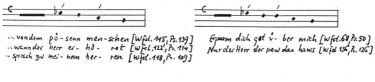

Beispiel 2   Beispiel 3

In Beispiel 2 erscheint die Formel in ihrer einfachsten Gestalt richtig angewandt. Das ist keine Selbstverständlichkeit. Der Redaktor des musikalischen Textes hat nicht einfach die Formel des entsprechenden lateinischen Textes übernommen, also die Töne des Mediatiomodells abgezählt und dem neuen Text, der ja eine andere Akzentverteilung aufweist, aufgezwungen, sondern die Formel sinnvoll modifiziert. Die erste Hälfte des ersten Verses von Ps. 114 lautet nach dem Brevier: „Dilexi, quoniam exáudiet Dóminus", die deutsche Übersetzung: „Ich han lieb gehabt, wann der Hérr erhóret". Da die Mediatio des ersten Tons stets zweiakzentig ist, interessieren hier nur die beiden letzten Akzente; aus ´..´.. wurde ´.´., das heißt, aus der Tonfolge b̔ a a G̔ F F wurde b̔ a G̔ F.

Die beiden Übertragungen des 3. Beispiels zeigen ein anderes Bild. Die Akzente fallen in der orginalen Formel auf die Töne b und G, so daß beim Text der ersten Mediatio des Ps. 126, „(aedifi) cáverit dómum", die Tonfolge (a a a) b̔ a a G̔ F entsteht. Der Bearbeiter des musikalischen Textes von W hat also mit dem neuen Text „Nur der Hérr der páw das haws" einfach die vorhandene Formel verbunden und so eine unzulässige Akzentverlagerung bewirkt (b̔ a á G F), anstatt die Formel sinngemäß in b̔ a G̔ G F abzuwandeln. Die Übersetzung des 50. Psalms bereitet, wegen der Aufeinanderfolge zweier Akzente im deutschen Text („Erparm dich gót úber mich"), allenthalben Schwierigkeiten. Sie wären nur zu beseitigen, wenn statt „got" „herre" gesetzt würde oder ein tiefer Eingriff in das Gefüge des Psalmodieformelwesens stattfände. Da beides in der Handschrift W nicht geschieht, sind Akzentverlagerungen unumgänglich. Wenn freilich, wie es hier in Beispiel 3 geschieht, „dích got" akzentuiert wird, wäre die Akzentverschiebung doch zu vermeiden gewesen. Es ist jedoch hervorzuheben, daß die späteren protestantischen Übersetzer und Bearbeiter nach Hb. p. 50[+] und Nr. 621 p. 514 nicht anders verfuhren als der Redaktor von W. Vielleicht geht sogar diese Praxis, wie unten die Beispiele 27 und 28 vermuten lassen, schon auf die lateinische Psalmodie zurück.

2. Modell der Mediatio im 1. Ton, cf. AR 4⁺:

Beispiel 4   Beispiel 5

Die Unmöglichkeit, die Formel Beispiel 4 einer Synkope der Senkung anzupassen, leuchtet ein. Der Bearbeiter hätte schon den Ton der ausgefallenen Senkung dem ersten Akzentton zuschlagen müssen, also aus zwei Einzelnoten eine Clivis ableiten müssen, ein Eingriff, der in der Handschrift W nur bei der Übersetzung des Ps. 50 (cf. 4. und 7. Ton) gewagt wird. Würde er allgemein üblich, wäre ein Grundgesetz der Psalmodie, das Einzelton und Ligatur grundsätzlich als unveränderlich bestimmt, erschüttert. Dennoch kann dieser Vorgang, die Auflösung einer Ligatur, nicht selten in der Geschichte der Psalmodie angenommen werden, z. B. bei der Entstehung der Terminatioformel im 4. Ton. Hier wurde aus AMH 15 (oc): G a c (G) ǴF f die jüngere Formel Wagner 3, 100f.: G a c Ǵ (F) F.

Terminatio, einakzentig, Finalis G, cf. AMH 13 (ac), AR 5⁺ (g), Petit 127, Wagner 3, 92 u. 100f.

Beispiel 6   Beispiel 7

Beispiel 8

Beispiel 7 verfügt über das einzige Initium der Handschrift W aus dem Bereich der Formeln der acht regulären Töne. (Auch bei den späteren protestantischen Übersetzungen der Choraltexte, etwa bei Thomas Müntzer, hat sich gerade auch an dieser Stelle das Initium halten können, cf. Hb. Nr. 455 u. 621.) Die Terminatio ist hier, wie auch die aller anderen Beispiele, richtig reguliert, obwohl gerade ihre Vorlage differierte („... *misericórdiam túam*"). Da die Schlußkadenz des ersten Tons einakzentig ist, ist nur der letzte Akzent interessant; an die Stelle von „*túam*" (´.) trat „*(er)lédigung*" (´..), die Formel wurde also richtig erweitert.

1. Differenz, Finalis G, cf. AMH 14 (aq), AR 5^+(g^2) und Wagner 3, 92.

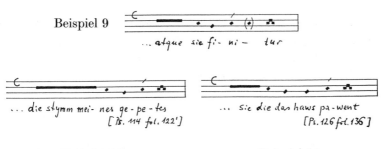

Beispiel 9

Beispiel 10   Beispiel 11

Die musikalische Version des 10. Beispiels entspricht der lateinischen Vorlage (*„orationis méae"*). Der Sinn der singulären Variante Beispiel 11 ist dagegen dunkel. Richtig müßte die Vorlage gelautet haben:

a á G F Ǵ GaG
„*ae - di - fi - cant e - am*", doch es ist immerhin möglich, daß bereits in der Vorlage irregulär beide Akzente auf den Ton G fielen. Richtiggestellt würde das Beispiel 11 dem Beispiel 10 genau entsprechen.

2. Ton: Tenor F, subsemitonal, einakzentige Mediatio. 1. Modell, cf. AMH 14 (e) = Beispiel 12; Wagner 3, 100f. = Beispiel 13.

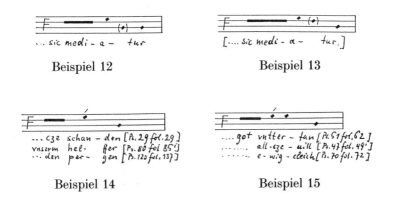

Beispiel 12   Beispiel 13

Beispiel 14   Beispiel 15

(Weitere Texte zu Beispiel 14: „*meiner iúgent*", Ps. 128 fol. 137; „*erhŏr mich*", Ps. 140 fol. 145'; „*von hýmell*", Ps. 148 fol. 69 und 117; „*in den hérren*", Cant. Hann. fol. 68' etc. sehr häufig.) In dieser Mediatioformel wird gegen die Vorlagen und im Widerspruch zur Formel des 8. Tons (s. u.) und zu den späteren protestantischen Quellen (cf. Hb. 46⁺) der über dem Tenor liegende Akzentton, nicht aber die Finalis, verdoppelt. Ein Grund ist schwer einzusehen. Vielleicht wurde schon in der lateinischen Vorlage versucht, diese Formel von der des 8. Tons abzuheben. Alle weiteren Texte hat der Bearbeiter (soweit nötig) den neuen sprachlichen Gegebenheiten angepaßt. Diese Formel erscheint außerdem einmal um eine Quint transponiert, ziert also einen Psalm, dessen Tenor auf c steht (Ps. 74 fol. 76'f.).

2. Modell, Quelle nicht nachweisbar.

Beispiel 16   Beispiel 17

(Die anderen Texte zu Beispiel 16: „*lob in sýon*", Ps. 64 fol. 68f.; „*ist ér mit czier*", Ps. 92 fol. 18'; „*der perg sýon*", Ps. 124 fol. 135.) Fraglos müßte, wollte in Beispiel 16 der Regel entsprochen werden, der Akzent auf D fallen. Worin die Irregularität ihre Ursache hat, bleibt ungewiß. Ist der Bearbeiter einfach der Vorlage gefolgt, so muß diese (was nicht unmöglich ist) bereits die Fehler enthalten haben. In Ps. 57 fällt die Mediatioformel auf das Wort „*loquímini*", dem das deutsche „*geréchtigkäit*" rhythmisch entspricht. (Beispiel 17 ist wohl eine verderbte Fassung von Beispiel 16.) Eine Verbindung der beiden Mediatiomodelle des 2. Tons, wobei das erste als Flexa dient, sei wenigstens mitgeteilt.

Beispiel 18

Terminatio, einakzentig; Finalis F, cf. AMH 14 (e) und Wagner 3, 100f.

Beispiel 19

Beispiel 20

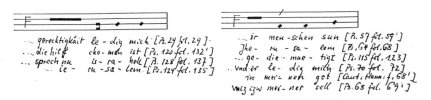

Beispiel 21   Beispiel 22

Die musikalische Version von Beispiel 22 geht wohl nicht auf das Modell
Beispiel 19 zurück, da nicht einzusehen ist, was hier Veranlassung zu
einer Differenzierung gegeben haben sollte. Die Modelle sind in allen
Fällen dem deutschen Text korrekt angepaßt.

1. Differenz, Finalis D, cf. AR 10[+], Petit 128:

Beispiel 23   Beispiel 24

Eine sehr genaue Übernahme der Vorlage („méum"), da es kaum eine
andere (bessere) Möglichkeit geben dürfte.

Zu erwähnen ist die Quinttransposition (Tenor: c) von Beispiel 20
(„déinen námen", Ps. 74 fol. 76'f. s. o.); anzuführen sind noch die zwei
Schlußkadenzen, die sich, ohne daß ein Grund ersichtlich wäre, an
Formeln des 8. Tons (s. u.) anlehnen.

Beispiel 25   Beispiel 26

3. Ton: Tenor c, subsemitonal (früher Tenor h, subtonal, daher:)
zweiakzentige Mediatio, cf. AMH 14 (i); Wagner 3, 100f.

Beispiel 27   Beispiel 28   Beispiel 29

Die Anpassung des Melodiemodells an den als Synkope aufgefaßten
deutschen Text, wie sie Beispiel 28 bietet, gehört zu den gelungensten
Leistungen des anonymen Bearbeiters. Da die Mediatio früher an einer
anderen Stelle lag als heute (cf. Brev. Linc. 41), muß in der lateinischen
Vorlage folgende Halbkadenz gestanden haben:

d   c   c   c (a?) a   c
„De - us me - us   es tu".

Terminatio, einakzentig, Finalis G; Modell: Wagner 3, 100f., ferner
AMH 14 (ib), hier aber, der frühmittelalterlichen Praxis folgend, mit
der Zusatznote G.

Beispiel 30

4. Ton: Tenor a, subtonal, einakzentige Mediatio, cf. AMH 15 (o).

Beispiel 31

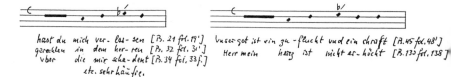

Beispiel 32   Beispiel 33

Bemerkenswert ist auch hier die stets richtige Anpassung des Melodiemodells an die Akzentuation des deutschen Textes. Besondere Schwierigkeiten dürfte die Übersetzung des Anfangs von Ps. 62, „Deus, Deus

méus", bereitet haben, da sie nur noch über vier Silben verfügt: *„Got, gott meiner"*. Sie weist nur noch die gleiche Silbenzahl auf wie die Mediatioformel. Bei genauer Befolgung der Psalmodieregeln hätte also der Tenor überhaupt nicht mehr berührt werden können. Um diesen Übelstand zu vermeiden, hat sich der musikalische Bearbeiter in diesem Fall (ausnahmsweise) entschlossen, die beiden ersten Töne der Formel zusammenzuziehen, also aus zwei Einzelnoten eine Ligatur, hier einen Podatus zu bilden. Das ist immerhin eine bemerkenswerte Freiheit, die, wie oben schon angedeutet wurde, das ganze Psalmodieformelwesen angreift. Dennoch wird man das Verfahren als sinnvoll empfinden. (Daß es sich hier nicht um eine zufällige glückliche Lösung eines schwierigen Problems handelt, erweist die analoge Modellanpassung im 7. Ton.)

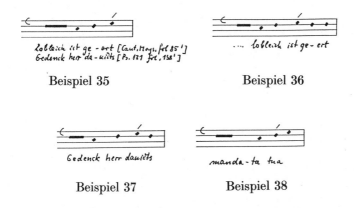

Beispiel 34

Schwer erklärbar ist Beispiel 35, das, richtig psalmodiert, wie die Beispiele 36 und 37 auszuführen wäre. Immerhin ist es möglich, daß der Bearbeiter hier eine Beispiel 38 (= Petit 128) ähnliche Vorlage wählte. (Bei Petit ist allerdings irrtümlich der Tenor auf G notiert.)

Beispiel 35   Beispiel 36

Beispiel 37   Beispiel 38

Ganz unerklärlich ist die singuläre Formel *„vanck-nüss sy - on"*, Ps. 125, fol. 135', die nur als Erinnerung an die Mediatio des 2. Tons, wo sich auch ähnliche Texte in der Handschrift W finden, erklären läßt.

Terminatio, einakzentig, Finalis E, cf. Wagner 3, 100f. sowie AMH 15 (ob), hier, den älteren Codices folgend, als Zusatznote nach dem gezählten Akzent statt F ein E – diesem Usus folgt noch unser Beispiel 41 – und bei (oc) statt des Einzeltons Ġ die Clivis ĠF.

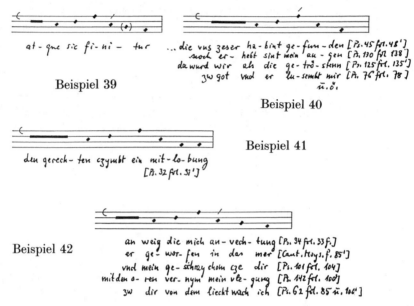

Beispiel 39

Beispiel 40

Beispiel 41

Beispiel 42

Hier ist wieder (neben richtiger) auch falsche Modellanpassung zu bemerken. In Beispiel 40 steht „lusémbt mir" mir für „mihi" etc., aber die Varianten und Fehler ergeben keine neuen Gesichtspunkte.

1. Differenz, Finalis D, cf. AMH 15 (og), basiert auf älteren Vorlagen, hat also noch Ġ und ĠF zur Auswahl und ein etwas reicheres Finalmelisma.

Beispiel 43

Beispiel 44

2. Differenz, Finalis a, cf. AMH (ok), hier die ältere Form.

Beispiel 45

Beispiel 46

5. Ton: Tenor c, subtonal, einakzentige Mediatio, cf. AMH 16 (u).

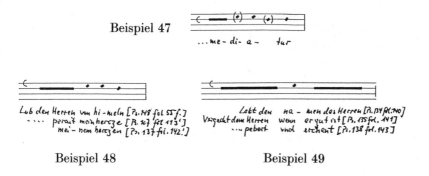

Beispiel 47

Beispiel 48   Beispiel 49

Beispiel 48 zeigt die richtige, wenn auch altmodische Antizipation des Akzenttons, Beispiel 49 verzichtet beim Text Ps. 138 in neuerer Art, aber ebenfalls korrekt, darauf. Bei den beiden anderen zu Beispiel 49 angeführten Texten ist die Modellanpassung aus unerfindlichen Gründen falsch. Richtig muß es heißen:

Beispiel
50

Beispiel
51

Terminatio, zweiakzentig, Finalis a, cf. AMH 16 (u).

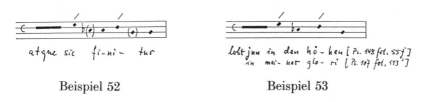

Beispiel 52   Beispiel 53

Differenz. Das zweite Terminatiomodell wird, wie das erste in diesem Modus, stets korrekt angewandt.

Beispiel 54   Beispiel 55

6. Ton: Tenor a, zweiakzentige Mediatio (zur einakzentigen Mediatio von AMH 16 [η] cf. Wagner 3, 122f.). Die hier zugrunde liegende Formel Wagner 3, 121 (= Beispiel 56) erscheint auch mit geringen Varianten in der Form b̥ a á G F (cf. Wagner 3, 100f., ferner Hb. 50+), so daß offenbar der zweite Akzent sowohl auf a als auch auf G entfallen konnte. In unserem Beispiel 58 ist von beiden Möglichkeiten Gebrauch gemacht worden (cf. „des Hérren", übersetzt von „Dómini" in Ps. 88; „von hímeln" für „de cóelis" in Ps. 148 und „hént zw streit" für „ad práelium" in Ps. 143). Analog verhalten sich die Melodien in Beispiel 59, wo der letzte Akzent ebenfalls sowohl auf a als auch auf G entfallen kann (cf. „Hérre got ísrahel" in Cant. Zach., „Durfftigen und ármen" in Ps. 40).

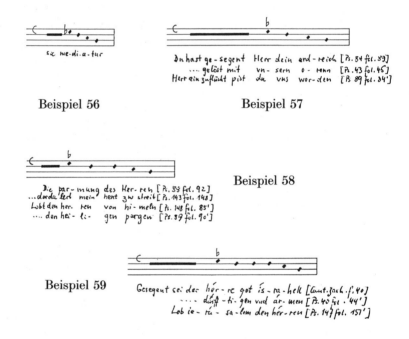

Beispiel 56

Beispiel 57

Beispiel 58

Beispiel 59

Terminatio, einakzentig, Finalis F, cf. AMH 16 (η), wo die ältere Praxis, den Zusatzton als Antizipation des Schlußtons aufzufassen, konserviert ist. Im späteren Mittelalter, also auch in der lateinischen Vorlage des Bearbeiters von W, wird der Akzentton wiederholt.

Beispiel 60

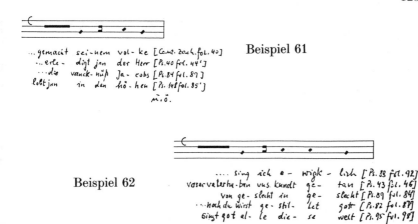

Beispiel 61

Beispiel 62

1. Differenz, Finalis G, cf. AMH 16(ηb).

Beispiel 63   Beispiel 64

7. Ton: Tenor d, zweiakzentige Mediatio. Das in W verwandte Modell wurde ganz offensichtlich als einakzentige Mediante mit zwei Vorbereitungstönen aufgefaßt – auch Thomas Müntzer verfuhr so (cf. Hb. 48+, Anm. 1) –, vielleicht ist aber auch die Melodie dem deutschen Text des Ps. 112 schlecht angepaßt. Dann müßte der Notentext in c̀ d d é f verbessert werden.

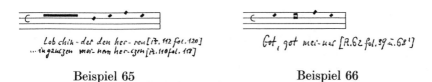

Beispiel 65   Beispiel 66

Terminatio, Finalis d. Auch diese zweiakzentige Figur ist hier wohl einakzentig mit drei Vorbereitungsnoten aufgefaßt. Ich teile zwei verwandte Modelle mit, da die richtige Vorlage nicht nachweisbar ist: Beispiel 67 = AMH 17 (y); Beispiel 68 = AR 23+ (d).

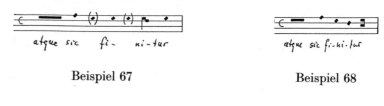

Beispiel 67   Beispiel 68

Beispiel 69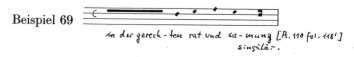

1. Differenz, Finalis a, cf. AMH 17 (yb), Petit 129. Wahrscheinlich ist diese Terminatio in W zweiakzentig aufgefaßt. Eine definitive Entscheidung ist leider nicht möglich, da dieser Ton in W sehr selten erscheint.

Beispiel 70

Beispiel 71   Beispiel 72

Immerhin hat der Redaktor von W auch hier das Modell dem deutschen Text angepaßt, denn aus „no - men Do - mi - ni" wurde „na - men des her - ren".

8. Ton: Tenor c, subsemitonal, einakzentige Mediatio. Die Modelle werden wie die des 2. Tons (s.o.) behandelt; cf. Wagner 3, 100f.

Beispiel 73

Beispiel 74

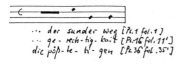

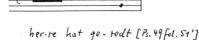

Beispiel 75   Beispiel 76

Zweites Modell, ebenfalls analog einem Modell des 2. Tons.

Beispiel 77

Terminatio, einakzentig, Finalis G; cf. AMH 17 (ω), mit dem älteren Zusatzton G vor der Finalis.

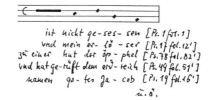

Beispiel 78

Beispiel 79

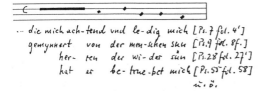

Beispiel 80

1. Differenz, Finalis G; cf. AMH 17 (ωd).

Beispiel 81

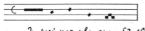

Beispiel 82   Beispiel 83

2. Differenz, Finalis c.

Beispiel 84

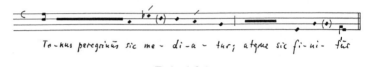

Herr er - hör mein stym - me [Ps. 129 fol. 137']

Tonus peregrinus: Tenores a und G (in W transponiert: e und d), nach der älteren Praxis (AMH 18) die Terminatio einakzentig; in W beide Formeln zweiakzentig oder einakzentig mit drei Vorbereitungsnoten. Zur Mediatio cf. Wagner 3, 123: „*Der subtonal gebaute tonus peregrinus scheint seine Mediante dem 1. Ton entlehnt zu haben.*" AMH 18 (pgr.) = Beispiel 85.

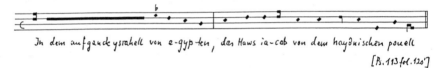

To - kus peregrinus sic me - di - a - tur; atque sic fi - ni - tur

Beispiel 85

In dem aufgancke ysrahell von e-gyp-ten, das Haws ia-cob von dem haydnischen pouell

[Ps. 113 fol. 120']

Beispiel 86

Abgesehen von der Transposition ist in W das umfangreiche zweite Initium interessant, da es den zweiten Tenor außerordentlich in seiner Bedeutung mindert. Die den Psalm beschließende Doxologie bedient sich der Formeln des 2. und 8. Tons (s.o.).

Gloria dem vater vnd dem sun; vnd dem heiligen geist [fol. 122]

Beispiel 87

XVI.

Da eine ebenso ausführliche Darstellung der Cantica- und Invitatorialpsalmodie keine wesentlich neuen Erkenntnisse brächte, sei hier darauf verzichtet. Die Melodiemodelle selbst werden aber mitgeteilt. Den Modellen des *Benedictus* sind die Fundstellen in der Handschrift W beigefügt, während die entsprechenden Angaben für die Invitatoriumspsalmen im letzten Abschnitt des Catalogue raisonné zu finden sind.

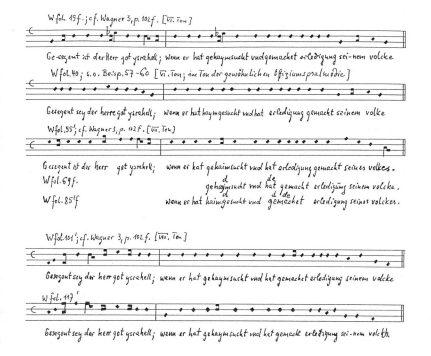

130

Chomet vrolockh wir dem herren iubilir wir got vnserm haylant vorbechummer

[F-6]

wir seinen auplick in warer veriehung vnd in den psalmen iubi- lir wir Im

2. Chomt frolock wir den herren iubilir wir got vnserm hayler vorbechummer wir seinen

auplickh in warer veriehung vnd in den pralmen iubilir wir Im

3. Chomlt frolockh wir dem herren iubilir wir got vnserm hayler vorbechummer wir seinen

[1.] [2.] auplickh in warer vorie — hung vnd in den psalmen iubilir wir Im [lügt.]

4. Chomet frolockcke wir dem herren iubilir wir got unserm haylant vorbechümmer wir

[1.] [2.] seinen auplick in warer veriehung vnd in den psalmen iubilir wir Im [lust.]

6. Chomlt frolockhe wir dem herren iubilir wir got vnserm hayler vorbekummer wir seinen

[1.] [2.] auplick in warer veriehung vnd in den Psalmen iu-bi- lir wir Im.

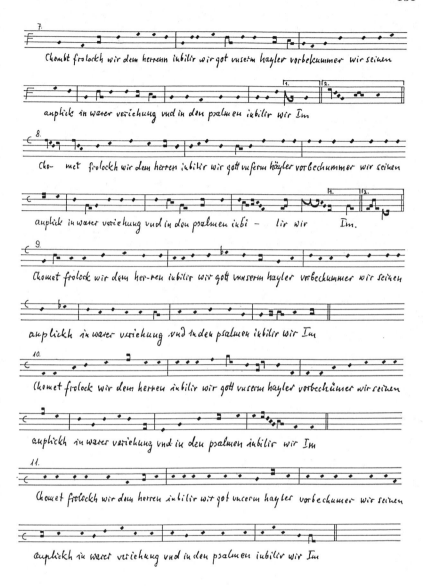

7.
Chombt frolockh wir dem herrenn iubilir wir got vusern hayler vorbekummer wir seinen
anplick in waser veriehung vnd in den psalmen iubilir wir Im

8.
Cho- met frolockh wir dem herren iubilir wir gott vuserm häyler vorbechummer wir seinen
anplick in waser veriehung vnd in den psalmen iubi - lir wir Im.

9.
Chomet frolock wir dem her-ren iubilir wir got vnserm hayler vorbeckummer wir seinen
anplickh in waser veriehung vnd in den psalmen iubilir wir Im

10.
Chomet frolock wir dem herren iubilir wir gott vuserm hayler vorbechümer wir seinen
anplickh in waser veriehung vnd in den psalmen iubilir wir Im

11.
Chomet frolockh wir dem herren iubilir wir got vucerm hayler vorbechumer wir seinen
anplickh in waser veriehung vnd in den psalmen iubilir wir Im

12.

Chomet frolock wir dem herren inbilir wir got vuserm hayler vorbechummer wir

seinen auplick in water veriehung vnd in den psalmen inbilir wir Im.

13.

Chomet vrolockh wir dem herren inbilir wir got vuserm hayler vorpochummer wir seinen

auplick: in water veriehung vnd in lob der psalmen inbilir wir Im.

14.

Chombt vrolock wir dem herren inbilir wir got vunserm hailer vor pechummer wir

seinen auplick in water veriehung vnd in lob der psalmen inbilir wir Im.

XVII.

Seit der Veröffentlichung von F. A. Gevaerts Hauptwerk, *La Mélo-pée antique dans le chant de l'église latine*, 1895, ist allgemein bekannt, daß nicht einer jeden einzelnen der überaus zahlreichen Antiphonen – im frühen Mittelalter sind es etwa 1500, im späten hat sich diese Zahl vervielfacht – eine eigene Melodie zukommt, sondern daß vielmehr sämtliche Melodien, mindestens des ursprünglichen „gregorianischen" Repertoires, auf eine beschränkte Zahl von Melodiemodellen zurückge-führt werden kann. Von der Richtigkeit dieser Erkenntnis kann man sich noch heute anhand eines jeden Choralbuchs überzeugen. Es ist dabei (für uns) durchaus gleichgültig, ob die Übertragung eines Melo-diemodells auf einen bestimmten Text bereits im frühen oder späten Mittelalter oder auch erst in neuester Zeit vorgenommen wurde. Ich gebe hier, um weiteren Erörterungen der damit zusammenhängenden Fragen auszuweichen, ein willkürlich herausgegriffenes, besonders ein-faches Beispiel aus dem *Processionale monasticum* (p. 67).

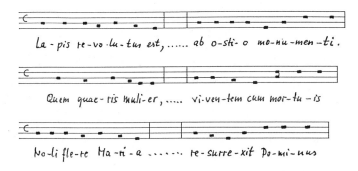

Beispiel 1:
Ant. ad Process. in fer. II. et III. infra Oct. Paschae sec. Liturg. O.S.B.

Da die Texte der älteren Antiphonen durchweg als Prosa aufzufas-sen sind – die gegenteilige Ansicht von L. Kunz, *Aus der Formenwelt des greg. Chorals* 4, 1950, 39 ff. ist nicht ausreichend begründet und muß hier vernachlässigt werden –, der Text der jüngeren poetischen Antiphonen

134

wie Prosa behandelt wird, ist die Anpassung der einzelnen Modelle auf
verschieden lange Texte nicht schwierig. Schon im Mittelalter wurden
bei der Übertragung einer Melodie auf einen neuen Text Ligaturen in
Einzeltöne aufgelöst und Einzeltöne zu Ligaturen zusammengezogen,
also Bearbeitungsverfahren angewandt, die bei der Anpassung der
Psalmodieformeln auf die jeweiligen Psalmverse verpönt waren. Diese
merkwürdige Differenzierung der Modellanpassungsverfahren erklärt
sich wohl dadurch, daß die Übertragung einer Modellmelodie auf einen
neuen Antiphontext eine einer Neukomposition nahekommende Bearbeitung darstellt, während die Anpassung der Psalmodieformeln auf
die zu psalmodierenden Texte (wenigstens bei den einfacheren Formen)
eine bloße Anwendung von Regeln ist, die auch als solche empfunden
und in der Praxis geübt wurde. Dennoch konnte es für einen erfahrenen
Choralisten keine große Schwierigkeit bedeuten, den Texten der übersetzten Antiphonen die ursprünglichen Melodien in bearbeiteter Form
anzupassen; er mußte dabei nur die Bearbeitungsprinzipien anwenden,
die er auch bei einer Übertragung einer Melodie auf einen neuen Antiphontext, etwa aus einem neuen Heiligenoffizium, anzuwenden hatte.
Ich stelle hier die beiden Versionen der drei ersten Laudesantiphonen
des Formulars von Mariä Lichtmeß einander gegenüber. Den Orginaltext entnehme ich dem guten, leider fragmentarischen Antiphonar
Göttingen theol. 224 (saec. xiii).

Beispiel 2: *Ant. I., II. et III. ad Laud. in Purif. B.M.V.*

In der ersten mitgeteilten Antiphon wird das auch bei den beiden anderen Gesängen zu bemerkende Streben nach möglichst wörtlicher Übersetzung des Textes besonders deutlich. Die Übersetzung von „*responsum*" in der zweiten Antiphon ist ungewöhnlich, da das Wort „*Trost*" hier, vielleicht versehentlich, für „*antburt*" (cf. das 5. Responsorium desselben Formulars) steht. Die Einfügung von „*Christum*" dient der Regulierung des Satzschlusses. Sieht man einmal von der Schlußwendung der ersten Antiphon ab, deren abweichende Melodik, wie auch die meisten der Tonhöhendifferenzen, bereits in der Vorlage anzutreffen sein dürfte, so beschränkt sich die Bearbeitung auf die beiden oben genannten Momente. Ich habe daher die entsprechenden Tongruppen durch Klammern über dem Notensystem gekennzeichnet.

Als weitere Beispiele dieser Bearbeitungsart seien hier drei einfache Antiphonen der ersten Nocturn des Pfingstsonntagsformulars mitgeteilt. Ich füge dem Text der Handschrift M die Übersetzung Thomas Müntzers bei, damit sichtbar wird, daß die Bearbeitungsprinzipien des revolutionären Protestanten durchaus denen des anonymen Übersetzers des deutschen Antiphonars entsprechen.

Beispiel 3

Es sei aber nicht verschwiegen, daß Thomas Müntzer den älteren anonymen Übersetzer gelegentlich übertrifft. Beinahe möchte es bei einem Gesang wie dem folgenden Pfingstinvitatorium scheinen, als sei Müntzers Übersetzung eine Korrektur der wenig glücklichen Übertragung des deutschen Antiphonars. Aber Müntzer hält sich nur genauer an den Orginaltext und übersetzt „*órbem terrárum*" mit „*ímbkreysz der érden*", während der Anonymus einfach „*erdreich*" schreibt und folglich die Melodie um eine Akzenthebung kürzen muß.

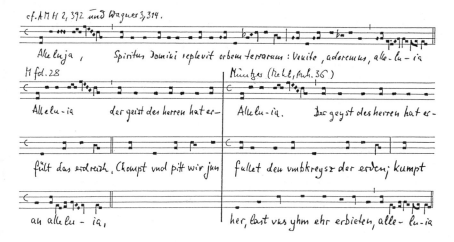

Beispiel 4: Invitatorium

Wurden in den mitgeteilten Texten bei der Übersetzung nur gelegentlich benachbarte Worte umgestellt, also etwa „*Symeon iustus*" in
„*der gerecht Symeon*" übertragen, so werden bei der Umschrift umfang-
reicherer antiphonischer Gesänge bisweilen die Satzteile umgestellt.
Der Übersetzer hat hier mit Recht das ganze syntaktische Gefüge
modifiziert, ohne daß dadurch freilich ein grundsätzlich anderes Verfahren der Melodieanpassung erzwungen worden wäre. Vielmehr findet
man auch bei diesen Gesängen die gleichen, allerdings noch freier ange-
wandten Bearbeitungsprinzipien. Als Beispiel diene hier die erste Vesperantiphon der Fronleichnamsvigil, deren lateinische Version hier dem
AR entnommen ist.

Beispiel 5: *Ant. I ad I. Vesp. in festo Corp. Christi*

Als Beispiel einer ungewöhnlich freien Übersetzung sei die Benedic-
tusantiphon der Laudes von Mariä Lichtmeß mitgeteilt.

Beispiel 6: *Ant. ad Ben. ad Laud. in Purif. B.M.V.*

Unter den Vorlagen des verdeutschten Antiphonars findet man zwar
eine ganze Reihe „*neuerer*" Offizien, aber kein vollständiges Reimoffi-
zium. Die in der Handschrift M übersetzten, erst im Mittelalter zusam-
mengestellten Marienoffizien basieren hauptsächlich auf Texten des
Hohen Liedes, dessen Marianische Ausdeutung damals bekanntlich
außerordentlich beliebt war. Im Formular für das Fest Mariä Verkündi-
gung stehen aber, als Bruchstücke eines vollständigen Reimoffiziums,
drei poetische Antiphonen, die erweisen, daß es dem Übersetzer ganz
gleichgültig war, ob der lateinische Text der Vorlage als Poesie oder als
Prosa aufgefaßt werden muß. Der Übersetzer hat wahrscheinlich die
poetische Gestalt dieser Antiphonen nicht einmal wahrgenommen, aber
sicher war er nicht bemüht, sie nachzubilden. Ich stelle hier die drei
Antiphontexte in beiden Sprachen einander gegenüber, berücksichtige
hier aber nur die Musik der ersten.

A. Clausa parentis viscera	Der mueter versperten pauch
celestis intrat gratia	ist in gangen die gotlich gnad
venter puelle baiulat	der pauch einer junckfrawn hat getragen
secreta que non nouerat.	gehaym die sie vor nye erkent hett.

A. Domus pudici pectoris   Das haws eins raynn herczenn
templum repente fit dei   wirt behent ein tempell gots
intacta nesciens virum   also das ain Junckfraw vnberürtew von dem man
verbo concepit filium.   durch ein wart hat ein sun emphangen.

Beispiel 7: *Ant. III., IV. et V. ad Laud. in Annunt. B.M.V.*

Die den Antiphonarteil der Handschrift M beschließende, vielfach dem Hermannus Contractus und (wohl zu Unrecht) Aimar von Le Puy zugeschriebene Marienantiphon „*Salve Regina*" dürfte als einziger Gesang der deutschen Antiphonarien nicht aus einer ähnlichen Vorlage abgeschrieben sein. Der Notentext ist vielfach radiert und korrigiert, da beim Schreiben des Textes für die Melismen zu wenig Raum zwischen den Silben frei gelassen wurde. Wahrscheinlich hat der Schreiber Erasmus Werbener den Text aus einer Vorlage ohne Noten, etwa einem deutschen Brevier oder einem Gebetbuch, abgeschrieben und den Notentext auf die Übersetzung übertragen.

Die Übersetzung dieser umfangreichen Antiphon ist ganz unabhängig von dem bekannten vorreformatorischen deutschen Lied „*Fraw von herczen*" (cf. Bäumker 2, Nr. 1; Jb. f. Hymn. 2 [1956] 102, sowie unten

Anm. 8), das melodisch von der Antiphon so gut wie unabhängig ist. Das Lied folgt aber der Originalform des Textes, während die Übersetzung in M zwar der Originalmelodie folgt, dafür aber die Schlußzeile des Textes um zwei Worte, um „*Jungfrau, Mutter*" erweitert. In der gleichen Weise erscheint das genannte deutsche Kirchenlied in Vehes *Gesangbüchlein* (1537) erweitert. Im 15. Jahrhundert steht die Übersetzung von M durch diese Zusätze ganz für sich. (Übersetzungen dieser Antiphon sind veröffentlicht von Wackernagel 2, Nr. 670 und von J. Klapper in den *Mitt. d. schles. Ges. f. Volkskunde* 34 [1934] 107 und 108. Abgesehen von den zahllosen Einzeldrucken derartiger Übersetzungen im frühen 16. Jahrhundert findet man diese Antiphon in beinahe jedem Gebetbuch übersetzt, etwa im Cod. Wolfenbüttel 289. 3 Extravag. fol. 92′f., Göttingen theol. 214 fol. 266, dem niederländischen Gezeitenbuch ohne Titel [Hain 7758] sowie im *Hortulus animae*, ed. Dörnhöffer 169f., der hochdeutschen Ausgabe von 1519 fol. 25f. und der niederdeutschen von 1516 fol. 24′f. etc. Deutsche Paraphrasen edierten Wackernagel 2, Nr. 485 und Klapper l. c. 114ff. sowie, leider unvollständig, Mone 2, 211. In diesen Zusammenhang gehören auch die Dichtungen Heinrichs von Loufenberg, die Wackernagel im 2. Band seiner großen Sammlung als Nr. 764, 769, 772 und 773 publizierte. Zu den beiden bedeutendsten dieser Werke ist auch die Musik erhalten und von P. Runge in der *Liliencron-Festschrift* 1910 besprochen.)

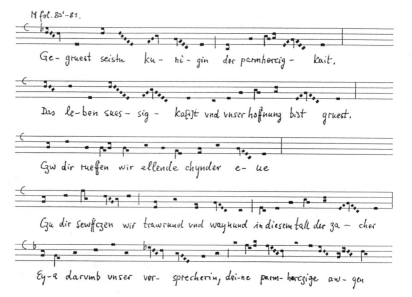

cher   zu   vns

Vnd ihe - sam die gesegenten frucht deius leibs

zaig vns nach die - sem e- len- de

O   gu-ti-ge   O   mil- te

O   suesse Junchfraw mueter mari - a .

XVIII.

Da bei den deutschen Responsorien stets die gleichen Methoden der Melodieanpassung wie bei den komplizierteren Antiphonen, bei den Responsoriumsversen stets die gleichen Methoden wie bei den musikalisch reicheren Formen der antiphonischen Psalmodie angewandt wurden, verzichte ich, um Wiederholungen zu vermeiden, auf weitere Erörterungen, teile aber wenigstens einige deutsche Responsorien samt ihren Vorlagen, ein Responsorium auch in Müntzers Übersetzung, mit. Anschließend werden hier außerdem die beiden einzigen responsorialen Meßgesänge der Handschrift M, die zugleich die einzigen bisher bekannten vorreformatorischen Gesangsstücke dieser Art sind, veröffentlicht. Hierbei wird auf die Mitteilung der lateinischen Vorlage verzichtet, da das von P. Wagner veröffentlichte Leipziger Thomasgraduale zu Vergleichen jeder Art ausreicht. Zum Alleluia V. *Pascha nostrum* bietet überdies das Hb genügend Vergleichsmaterial aus protestantischen Quellen.

Beispiel 1: *Resp. ad Vesp. I. in festo Corp. Christi*
(weitere Responsorien zu Fronleichnam s. o. Abschnitt VI.)

Beispiel 2: *Resp. IX. in Purif. B.M.V.*

Beispiel 3: *Resp. III. in Dom. Resurrectionis*

145

Beispiel 4: Graduale und Alleluia mit zwei Versen aus dem Formular der
zweiten Ostervesper

XIX.

Die Handschriften W und M enthalten, obgleich bereits zahlreiche Hymnenübersetzungen des Mittelalters bekannt geworden sind, das einzige einigermaßen vollständige deutsche Hymnar mit Noten, dessen Verwendung in der Liturgie unbezweifelbar ist. Ob die von Wackernagel 2, 427 ff. mitgeteilten Angaben aus den cmg 715 und 1115, die die Hymnen- und Sequenzübersetzungen des Mönchs von Salzburg überliefern, auf liturgische Verwendung schließen lassen (wie W. Salmen in MGG 6, 1957, col. 226 meint), ist mindestens ungewiß. Wahrscheinlich zeigen die Rubriken dieser Handschriften nur die liturgische Funktion der lateinischen Vorlage an. Der Mönch von Salzburg hat, wie auch seine anderweitige Liedproduktion nahelegt, die liturgischen Hymnen zu Kirchenliedern umgedichtet. (In diesen Zusammenhang gehören auch die Übersetzungen und Umdichtungen Heinrichs von Loufenberg und das auf eine allbekannte Hymnenmelodie zu singende Lied „O müter der parmherczikait", das C. Blume und G. M. Dreves nach dem clm 20110 in den Ah 48, 474 als Nr. 457 und C. M. Pfleger, *Untersuchungen* . . . , 1937, 61 nach dem clm 4423 edierten.) Die Übersetzungen des Mönchs von Salzburg und Heinrichs von Loufenberg sind daher auch nicht in Hymnaren, Antiphonarien oder Brevieren aufgezeichnet worden, sondern in geistlichen Liederbüchern und Sammlungen der Dichtungen der einzelnen Autoren. Es ist schon aus diesem Grund kaum zweifelhaft, daß auch die Übersetzungen des Mönchs nicht für die Verwendung in den Stundengottesdiensten bestimmt waren, sondern als geistliche Lieder zur außer– oder halbliturgischen Verwendung, etwa bei Privatandachten oder Prozessionen, dienten. Dies Hymnenübersetzungen hatten also die gleiche Funktion wie die lateinischen Cantiones und die deutschen geistlichen Lieder. (Die Hymnen- und Sequenzübersetzungen des Mönchs von Salzburg hat E. Bernoulli in seiner Dissertation *Die Choralnotenschrift bei Hymnen und Sequenzen*, 1898 untersucht und zum großen Teil, was W. Salmen in dem genannten MGG-Artikel entgangen ist, veröffentlicht.)

B. Stäblein hat in den Mon. als Nr. 580 (p. 319), 585 (p. 321), 602 (p. 331), 625 (p. 343) und 631 (p. 346) Melodien aus Engelberger, Prager,

Lambacher und Vorauer Handschriften mitgeteilt, die mit der allgemeinen Vorstellung von einer Hymnenmelodie (als einer geschlossenen
Liedmelodie) kaum zu vereinbaren sind. Diese durchweg zu gewöhnlichen Ferialhymnen gehörenden Melodien zeichnen sich durch außerge-
wöhnliche Stufenarmut aus. In der Tat können diese Weisen nur von
der Liturgie her als Hymnenmelodien betrachtet werden – eben weil sie
zu Hymnentexten gesungen wurden –, ihr musikalischer Charakter
dagegen entspricht dem der Psalmodie. Die schlichtesten dieser Singweisen sind allerdings noch primitiver als selbst die schlichteste Offiziumspsalmodie.

In der durch die Handschriften W und M kodifizierten Liturgie
werden die Hymnen der kleinen Tageshoren an den gewöhnlichen
Wochentagen ebenfalls auf eine derart schlichte Melodie gesungen resp.
rezitiert. Zunächst seien hier die Texte der Übersetzungen des Prim-
hymnus „*Iam lucis orto sidere*" (Nr. 55 des Cat. rais.; cf. Ah 51, 40), des
Terzhymnus „*Nunc, sancte nobis Spiritus*" (Nr. 57; Ah 50, 19) und des
Sexthymnus „*Rector potens, verax Deus*" (Nr. 59; Ah 50, 20) mitgeteilt.
Auf den Abdruck der lateinischen Vorlage wird verzichtet, da die
Hymnen noch heute in ihrer Originalgestalt – einzige Var.: in „*Rector
potens*" 1,3 statt „*instruis*" heute „*illuminas*" – in allen Brevieren und
Antiphonarien sowie in der Mehrzahl der Hymnensammlungen zu fin-
den sind. Die Singweisen sind hier durch Tonbuchstaben wiedergege-
ben.

Nr. 55

G ——————— a ——————————

Ytz czu dem auffgang des sternes liecht

a ——————————————

got pitt wir andechtigkleich

a ————G——————————

das er in tägleichen werchen

G ——————— a G G

vns pehuet an schedlichäit.

G ——————— a ——————

(2) Vnnser czung mit masse czem

a ——————————————

das icht scheutz des chriegs

148

a —————————— G —————
erlawt das gesicht nerund pedeckh

G ————— a a G   G
das es icht eytelchäite scheph.

G ————— a —————————
(3) Lautter sein der herczen ynnerchäit

a ————————————————
abste auch des herczen we vnd abe

a ——— G ——————————
müsch die hochuart des fleischs

G ————————————— a a G G
des tranckhes vnd speises cheriglichäit.

G ————————— a ———
(4) Vnd wann der tag nu hynne get

a ————————————————
das gluckh die nacht denn widerpringt

a ————G—————
denn mit messichait der welt

G —————a a G   G
sing wir nu glori lob vnd er.

G ————————— a
(5) Got dem vater sey gloria

a ——————————
vnd seinem aynigen sun

a —————————— G
mit dem heiligen geist tröster

G ————— a a G G   FGaG   FG
vnd nu vnd ymmer ewigkleich. A-   men.

Nr. 57.

G——— a ———
Nv du heiliger geist

a ————————————————
ains dem vater mit dem sun

G ———————————————— a —
gereich vns beraitter einczegen

G———————— a   G   G
in geflossner vnnser prust.

  G———————————— a ————————
(2) Das mund czung sin vnde chrafft

    a ————————————————
mit verichen gancze lautt

G———————————— a ————————
erhiczet mit fewr werd die lieb

a   G G a   a   G   G
vnd anczunte dem die nachstenn.

  G———————————— a ————
(3) Verleich vns vater aller güetigister

    a ————————————————————
vnd dem vater mit gleicher ainiger

G ———————— a ————————
mit dem geiste vnd tröster

a———————— G   a a G   G   FGaG   FG
reichsen vnd ymmer ewigchleich. A-   men.

Nr. 59

    G———————————— a ————————
Laitter, mechtiger, warhaffter gott

    a ————————————————
den du messigst aller ding

    a ———————————————— G ————
den margen leuchtest du mit schein

G ———————————— a   a G G
vnd mit fewren den mittentag.

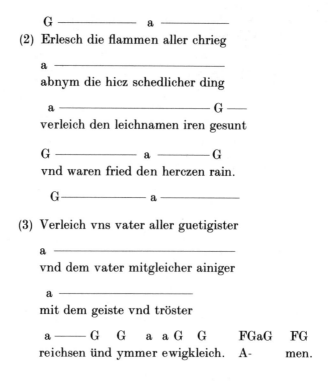

G ——————— a ———————
(2) Erlesch die flammen aller chrieg

a ———————————————
abnym die hicz schedlicher ding

a ——————————— G ——
verleich den leichnamen iren gesunt

G ——————— a ———G
vnd waren fried den herczen rain.

G——————— a ———————
(3) Verleich vns vater aller guetigister

a ———————————————
vnd dem vater mitgleicher ainiger

a ———————————
mit dem geiste vnd tröster

a —— G   G   a a G   G   FGaG   FG
reichsen ünd ymmer ewigkleich.   A-   men.

Diese Übersetzungen zeigen, daß man keinen Wert auf den Reim legte, keinen unbedingten Wert auf gleiche Silbenzahl, und ferner, daß man die Vorlage nicht als Lied mit einem bestimmten Versmaß auf-faßte, sondern als Prosa. Geregelt erscheint nur der Schluß der einzel-nen Strophen: a á G G̀ (oder: a á G Ǵ, ausnahmsweise auch: á a Ǵ G oder: a á a Ǵ). Wichtig erscheint ferner nur, daß in der ersten Distinction an irgendeiner Stelle in der Mitte – ob Hebung oder Senkung ist gleichgül-tig – von G nach a fortgeschritten und im dritten oder vierten Vers auf G zurückgeschritten wird. Ob aber die ganze Melodie, abgesehen von der Terminatio, die Tonfolge G – a – G oder G – a – G – a – G bildet (57,2 und 3), scheint ohne Bedeutung zu sein. Bedeutungsvoll ist nur die viertönige, 55,1 und 57,1 wohl versehentlich dreitönige Terminatio. Aus diesem Befund, der auch durch die hier nicht mitgeteilte Übersetzung des Nonhymnus, die ebenfalls an den gewöhnlichen Wochentagen auf diese Melodie gesungen wurde, durchaus bestätigt wird, muß man schließen, daß diese Hymnen psalmodisch, also wie Prosa vorgetragen wurden[7]. Da man auch die poetischen Antiphonen wie Prosatexte vortrug, ist diese zunächst befremdende Tatsache doch verständlich.

Aus dieser Vortragsart, die, wie die oben angeführten Melodien nahe-
legen, schon bei den lateinischen Hymnen des Stundengebets geübt
wurde, erklärt sich auch, daß der Übersetzer, dessen Produkte ja ebenfalls im Stundengebetsgottesdienst verwendet werden sollten und
sicher auch verwendet wurden, gar keine Veranlassung hatte, die Vers-
form der Vorlagen, die beim Vortrag gar nicht zur Geltung kommen
können, nachzubilden. Der anonyme Übersetzer des deutschen Antiphonars stellte sich damit in (bewußten?) Gegensatz zu den hervor-
ragendsten Hymnenübersetzern des späten Mittelalters, zum Mönch
von Salzburg und zu Heinrich von Loufenberg[8].

Auch bei der Einrichtung von Hymnen mit reicherer Melodie legte
der anonyme Übersetzer offenbar nur wenig Wert auf die Beibehaltung
der originalen Reimordnung. Ihn interessierte lediglich die Silbenzahl
der einzelnen Verse, ohne daß er deshalb auf die Freiheiten, die sich
auch die lateinischen Hymnoden des Mittelalters gestatteten, verzich-
ten wollte. So übersetzte er den wohl von einem deutschen Dichter
verfaßten Adventshymnus „*Veni redemptor gentium, ostende*" (Nr. 1),
Ah 50, 13:

(1) Chum er-le-di-ger aller diet

vnd zaig die pur-de der Junckfrawn

der wirt sich wundern alle werlt

ein sölleich purde die czyubt gott

(2) Nicht von manelichem sam
   sunder von dem heiligen geist
   das warte gots ist warden fleisch
   vnd die frucht des pauchs hat gepluet
(3) Das pewchell der Junckfrawn grosset sich
   die chlaws der scham peleibet ganz
   die fann der tugent erscheinet
   do got hat im tempel sein handell
(4) Fuer ging er aus seinem prawtpet
   der scham ein küniglichen sall

> der ryse czwayorlay substancz
> das er fröleichen lauff den weg
> (5) Sein ausgang ist vom vater
> sein wydergangk zw dem vater
> sein auslauff czw den vndristen
> sein widerlauff zw dem stule gots
> (6) Der ebengleich dem vater ist
> mit dem sig des fleisch sich vmbgürt
> die chranckhäit vnsers leichnams
> mit tugent pesterck er ewigkleich
> (7) Dein chripp die scheint hie czestund
> die nacht die wåt ein newes liecht
> die chain nacht vnderscheyden wirt
> mit stetem glawben scheinet es
> (8) Got vater sey gloria
> vnd auch seinem ainigem sun
> auch mit dem geiste des trösters
> vnd nv ymmer ewigkleich. Amen.

In den Versen 1,2 bis 1,4 hat der Übersetzer die originalen Betonungsverhältnisse einigermaßen korrekt beizubehalten verstanden, aber in Vers 1,1 zeigen sich bereits die charakteristischen Divergenzen. Wäre es dem Übersetzer um eine Konservierung der Akzentordnung gegangen, so hätte er, rhythmischen Vortrag vorausgesetzt, diesen

ersten Vers  schreiben

Chum er - le - di- ger al - ler diet

müssen, was ja immerhin, auch ohne Mensuration der Noten, leicht möglich gewesen wäre. Hätte er so geschrieben, so wäre es auch möglich, manche Unregelmäßigkeit rhythmisch vernünftig zu interpretieren; 3,1 könnte dann wohl als

Das   pewchell der Junckfrawn gros- set sich

aufgefaßt werden. Wäre es dem Übersetzer um geordnete Betonungsverhältnisse gegangen, so hätte er manche Verse ganz leicht entsprechend einrichten können; 4,1 z. B. hätte er bloß umzustellen brauchen: „Aus seinem prawtpet ging er für“. Aber hier differierte bereits die lateinische Vorlage, „Procedens de thalamo suo“, die rhythmisch wohl

einigermaßen der deutschen Fassung von 3,1 entspricht. Aufschluß-
reich sind auch einige Unregelmäßigkeiten der sechsten Strophe. 6,3 hat
eine Silbe zu wenig, 6,4 eine zu viel. Bei 6,3 wurde einfach ein Ton am
Anfang (dem Tenor) gestrichen, während sich doch die rhythmische
Differenz erst am Versschluß zeigt. 1,3 heißt regulär .´.´.´.´, 6,3 .´.´.`; da
der Ton aber bereits am Anfang weggenommen wurde, verschieben sich
alle Akzente in der Melodie:

wird zu

6,4 wird geschickt durch Verdoppelung des 3. Tons korrigiert, so daß
hier sogar ein rhythmisch geregelter Vortrag möglich wäre.

    Des C. Sedulius metrischen Hymnus „*A solis ortus cardine*" (Strophe
1 bis 7 des Ah 50, 58 und neuerdings von W. Bulst edierten Abecedars,
nebst beigefügter poetischer Doxologie) hat der Anonymus so übersetzt, daß die Silbenzahl der einzelnen Verse einigermaßen gewahrt
wurde. Dieser Hymnus lautet in der Übersetzung (Nr. 3) nach der
Handschrift M:

(1) Von dem angel der sunn auffgang
      vncz auff das end des erdreiches
      christum den fürsten loben wir
      parnn aus Maria der iunckfrawn

(2) Der selig merer dieser welt
      eins chnechtes leib hat angelegt
      das er erlöst das fleisch mit fleisch
      das er icht flür die er het geschepft

(3) Den leib der pererinn er spart
      inneging die himelische gnad
      der magtleich leichnam in ym tregt
      die heimlicheit die er nicht chant

(4) Das haws der scham des herczen rayn
      als pald was das ein tempel gotz
      die ungemailt die nicht man wais
      mit dem selb wart enphieng den sun

(5) Die pererin die hat gepert
den gabriel hat vorgesagt
den der magtleiche leichnam trug
verspart iohannes des enphand

(6) Er hat gelitten im hew cze ligen
noch hat gescheuczet ab der kripp
mit chlainer milch ist er tett
durch den des ainmel hungert nicht

(7) Es frewt sich der himelisch chor
vnd die engel singent got
den hierten ist er geöffent warden
der hertter scheppher aller ding

(8) Glori dem höchstenn perer sey
vnd seym geperten graz alsam
auch mit got dem heiligen geist
nu durch alle welt ewigkleich. Amen.

(3,1 steht in der Handschrift M „pererin ner", was in W korrigiert ist.)

Ich stelle die Varianten des Notentextes der einzelnen Strophen so
zusammen, daß die den verschiedenen Strophen entnommenen unregel-
mäßigen Formen gegen die erste, freilich nur in der Silbenzahl regel-
mäßige Strophe stehen.

Die durch die Unregelmäßigkeit der Silbenzahl erzwungenen Varianten erweisen wiederum, daß ein rhythmisch geregelter Vortrag der Melodien nach diesen Aufzeichnungen unmöglich war. Der Tonzusatz auf dem „*tenor*" in 6,1 und die (übrigens falsche) Regulierung des Zeilenschlusses – falsch, da sich die Schlußkadenz ´.´ gar nicht verändert hatte – konnten bereits bei dem zuvor behandelten Hymnus beobachtet werden. Neu ist hier für die Hymnen die Auflösung einer zweitönigen Note in zwei Einzelnoten (3,2) und die Zusammenziehung zweier zweitöniger Neumen zu einer viertönigen Ligatur (6,3). Diese Bearbeitungsprinzipien werden selbstverständlich auch in zahlreichen anderen Hymnenübersetzungen der Handschriften W und M angewandt. Durch den Nachweis der Anwendung all dieser Bearbeitungsverfahren, die eine vollständige musikalische Aufzeichnung aller Strophen erzwang, darf es als erwiesen gelten, daß die musikalisch reicheren Melodien der Hymnen wie die der Antiphonen aufgefaßt wurden.

XX.

Thomas Müntzers Hymnenübersetzungen lassen grundsätzlich die gleichen Bearbeitungsgrundsätze erkennen. Auch für ihn sind die Hymnen keine *„Gemeindelieder“*, sondern liturgische Gesänge, die vom Chor vorgetragen werden sollen. Sie bilden, ebenso wie die der deutschen Antiphonarien, einen Teil der choraliter gesungenen Liturgie, umgeben von psalmodischen, antiphonischen und responsorialen Gesängen. Dem widerspricht auch nicht, daß die Müntzerschen Hymnenübersetzungen später in Gesangbücher beider Konfessionen eingingen und dann wohl tatsächlich als Kirchenlieder dienten.

Da die Hymnenübersetzungen Thomas Müntzers bisher stets als Umdichtungen in Kirchenlieder angesehen wurden, konnten Mißverständnisse und falsche Urteile nicht ausbleiben.

Der Adventshymnus *„Veni redemptor gentium“* zeigt in der Eindeutschung Müntzers (Wackernagel 3, Nr. 498, p. 440) melodisch nur eine charakteristische Variante: der Cephalicus auf *„om(ne)“* in 1,3 – viele spätmittelalterlichen Handschriften überliefern hier eine Clivis – wird aufgeteilt, weil die Müntzersche Übersetzung eine überschüssige Silbe aufweist. Es entsprechen sich also *„miretur omne saeculum“* und *„es wundern sich all creaturen“*. O. J. Mehl übertrug diese Distinction in seiner Ausgabe von 1937 (Anh. p. 12) richtig

Dagegen schreibt H. J. Moser, *Die evang. Kirchenmusik in Deutschland,* 1954, 31, Anm. 5: *„Mehl hat hier irrig einen weiblichen Ausgang angenommen (der obendrein den Reim zerstören würde):*

jedoch beweisen sämtliche anderen Strophen eindeutig das stumpfe (männ-
liche) Zeilenende; offenbar wollte Müntzer eine Anomalie gegen das
dauernde Gleichmaß der je 4 Achtsilbler, indem er einmal, jeweils an
dritter Stelle, einen Neunsilbler formt; dieser aber ergibt eine Triole an
Penultimastelle, was durch (III) angedeutet werde." Im Haupttext über-
trägt Moser diesen Vers:

Mehls Übertragung wird aber durch den allerdings an Druckfehlern
reichen Originaldruck Müntzers, der aber gerade an dieser Stelle durchaus einen korrekten Text zu überliefern scheint, gesichert. Ob Mehl
überhaupt einen *„weiblichen Ausgang"* des Verses angenommen hat,
wie ihm von Moser unterstellt wird, bleibe dahingestellt. Aber schon mit
dem Gleichmaß der lateinischen Vorlage ist es nicht gut bestellt. Man
vergleiche: *„miretur omne saeculum"* (1,3), *„verbum dei factum est caro"*
(2,3), *„geminae gigas substantiae"* (4,3) und *„excursus usque ad inferos"*
(5,3). Müntzer hat sich für die Konstruktion der jeweils dritten Zeilen
nicht die erste Strophe als Vorbild gewählt, sondern eine von denen, die
den Neunsilbler enthalten. Müntzer behält diesen Neunsilbler durch alle
Strophen bei, vereinheitlicht also die Silbenzahl der jeweils dritten
Zeilen. In der Akzentanordnung hat Müntzer keine Übereinstimmung
erzielt. In der ersten und siebten Strophe müßte, rhythmischen Vortrag
vorausgesetzt, – ich verwende hier ausnahmsweise Mosers Zeichen –:

in der zweiten bis sechsten dagegen:

akzentuiert werden.

Alle diese Differenzen in der Akzentverteilung gab es auch schon in
der lateinischen Vorlage, aber sie hatten weder hier noch dort irgend-

eine praktische Bedeutung. Schon die bloße Tatsache, daß Müntzer die rhythmischen Freiheiten nicht ausmerzt, was immerhin schon Heinrich von Loufenberg gelungen war, und durch ein festes rhythmisches System ersetzt, erweist, daß seine Übersetzungen nicht anders vorgetragen zu denken sind als die lateinischen Vorlagen. Dem widerspricht auch nicht, daß die Hymnenübersetzungen Müntzers meist gereimt sind oder doch wenigstens assonieren. Die liturgischen Druckwerke Müntzers, sein *Kirchenamt* und seine *Deutsche Messe*, sind keine Gesangbücher, d. h. geistliche Liederbücher für die Gemeinde, sondern neugefaßte (und dabei stark gekürzte) Breviere und Missalien. Daher auch die grundsätzliche Anwendung der gotischen Choralnotation.

Da der Notentext der Müntzerschen Übersetzung des Passionshymnus *„Rex Christe, factor omnium"* (Wackernagel 3, Nr. 501, 441) im Originaldruck des deutschen Kirchenamtes von 1524 durch irrtümliche Umstellung von Abschnitten und verschiedene Schlüsselversehen entstellt ist, Mehl bei seinem Abdruck (Anh. p. 24) diese Konfusion des Notentextes nicht bemerkte, also einen diplomatischen Abdruck auch der Fehler bietet, sei dieses Stück hier in berichtigter Fassung mitgeteilt.

(Abgesehen von den Schlüsselversehen und der Umstellung der Teile findet man im Originaldruck noch zwei bedenkliche Stellen: Distinction 1:

$$\overline{FGF}\ \overline{FE}\ C\ \ \overline{HD}\ \ D$$

„[schöpf]fer   al- ler   ding". Das kann nicht richtig sein, da die erste Dist. in keiner der zahlreichen bekannten Handschriften auf D schließt und das doppelte D in der fünftönigen Gruppe unsinnig ist [cf.

den Variantenapparat in Mel. hung. 7]. Dist. 4: „*[prey]sen* $\overline{GcG}$ ", wohl ein Versehen; soll sicher die vielfach belegte [z. B. in Göttingen theol. 227 fol. 11] Gruppe acG anzeigen.)

Ob Müntzer bei der Anpassung der Melodien an seine Übersetzungen diese Melodien bearbeitete, ist, da die Vorlagen noch nicht bekannt sind, nicht nachzuweisen. Es ist aber, bei der ganzen Tendenz seiner Bearbeitungen, sehr unwahrscheinlich.

XXI.

Zur Bestimmung des Verwendungszwecks einer Hymnenübersetzung ist der Charakter der Quelle, in der sie aufgezeichnet ist, entscheidend. Handelt es sich um ein geschlossenes Hymnar oder Antiphonar mit Noten, so muß liturgische Verwendung angenommen werden, handelt es sich dagegen um ein „geistliches Liederbuch" oder um eine Sammlung der Werke eines bestimmten Dichters, so darf man an der liturgischen Verwendung zweifeln. Abgesehen von den in übersetzten Brevieren und in Gebetbüchern stehenden Hymnen, die ausschließlich zu Gebetszwecken dienen, bleibt die ursprüngliche Bestimmung jener Hymnenübersetzungen fraglich, die in offenbar sekundären Sammlungen überliefert sind, also aus den verschiedensten Vorlagen abgeschrieben sein können. Die bloße Tatsache, daß Silbenzahl, Reim und Metrum konserviert wurden, schließt natürlich eine Verwendung in der Liturgie nicht aus, wenn auch der Nachweis einer Verwendung innerhalb der Liturgie einstweilen nicht erbracht werden kann. Dagegen ist wohl ausgeschlossen, daß Übersetzungen, wie die der Handschriften W und M, als „Lieder" dienen konnten. Freilich darf man nicht vergessen, wie ähnlich eine mißlungene oder minderwertige poetisch intendierte Übersetzung einer prosaischen sein kann.

In den *Tegernseer Hymnen des cgm 858* (ed. B. Gillitzer, 1942) z. B. können die Fastenhymnen (Nr. xviii bis xxiii) durchaus als Lieder angesprochen werden, während andere, etwa die erste Übersetzung des Johanneshymnus *„Ut queant laxis"* (Nr. xvi), überhaupt nicht sangbar sind. Die meisten Hymnen dieser Sammlung, die auch Cantionen enthält, sind, da sie die Silbenzahl meist korrekt beibehalten und nicht selten sogar Metrum und Reim konservieren, ohne Schwierigkeit dem traditionellen Notentext zu unterlegen.

Gillitzer Nr. xviii

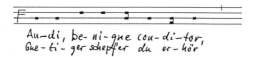

no-stras pre-ces cum fle-ti-bus
un-ser wai-nen und fleis-sig pet

in hoc sa-cro ie-iu-ni-o
mit fa-sten wir uns pe-kla-gen

fusas qua-dra-ge-na-ri-o.
in di-sen hei-li-gen ta-sen.

Der Schlußvers der Strophen 3 bis 5 ist aber nur ein Siebensilbler mit Auftakt und dem Zeilenschluß ´`, also muß, rhythmischer Vortrag vorausgesetzt, der Text auf folgende Weise unterlegt werden:

(4,4)von al-len sun-den fa-sten   von al-len sun-den fa-sten

Das wirkt natürlich auf die Übertragung von 1,4 und 2,4 zurück, denn auch diese Zeilen verfügen über einen einfachen Auftakt und die gleiche Kadenz. 1,4 muß also der Melodie auf andere Weise unterlegt werden:

in di-sen heili-gen ta-gen

Bei Vers 2,3 hat folgende Melodieanpassung die größte Wahrscheinlichkeit für sich:

(2,3)zu dir wir wi-der ke-ren   zu dir wir wi-der ke-ren

In Vers 2,2, wie auch in Vers 3,2, ist doppelter Auftakt anzunehmen, also die erste (unbetonte) Note zu verdoppeln; in 3,2 wird außerdem die unbetonte zweitönige Neume aufgelöst.

(2,2) un-ser plo-di-kait du keu-neu pist

pis ge-na-dig den di sich peich-ten sind (3,2)

Es hätte wenig Sinn, würden hier alle sangbaren Hymnenübersetzungen dieser Handschrift musikalisch interpretiert werden[9].

So wenig es zweifelhaft ist, daß viele Übersetzungen des cmg 858 gesungen werden konnten, vielleicht auch ursprünglich zum Gesangsvortrag bestimmt waren – darauf deutet z. B. die Notiz bei der Übersetzung einer Cantio, *„in latein und auch in theutz, in paiden sprachen in ainer weis"* –, so wenig wird man es von allen poetischen Stücken dieser Handschrift annehmen dürfen, handelt es sich doch um eine jener (gerade für Tegernsee so charakteristischen) Sammlungen von Liedern und Gebeten.

XXII.

Die Sequenzen bereiteten den Übersetzern nur geringe Schwierigkeiten, da ihr Vortrag es ohne weiteres gestattete, überschüssige Silben, die eigentlich die Parallelität der Strophen stören, durch Tonzusatz musikalisch einzukleiden. Wechselnde Silbenzahl in den Parallelversen findet man schon vielfach in den lateinischen Sequenzen, besonders aber in jüngeren Kontrafacturen älterer Prosen. K. Bartsch (*Die lat. Sequenzen*, 1868, 108 ff.) und J. Handschin (*Misc. Mohlberg* 2, 1949, 90) verwiesen auf Kontrafacturen der berühmten Ostersequenz „*Victimae paschali laudes*", die keineswegs die Silbenzahl der Vorlage konservieren. Die Parodie „*Victimae novali cinke/ses immolent Deciani*" (*Carm. bur.* ed. Schmeller 1847, 249) zeigt schon gleich am Anfang Silbenüberschuß. Dieselben Freiheiten gestatteten sich die protestantischen Übersetzer. In Michael Weißes Gesangbuch von 1531 (Faksimile-Ausg. von W. Thomas, 1931) z. B. soll dem Vers „*Agnus redemit oves*" der gleichen Sequenz der Text „*Christus unschuldig empfunden*" entsprechen. (An dieser Stelle hat auch die Nachdichtung der Böhmischen Brüder, die in dem Gesangbuch von 1544 gedruckt wurde – cf. Hb. Nr. 177, 115 – die gleiche Silbenzahl wie Weiße, während Thomas Müntzer – cf. Hb. Nr. 176, 114 – die Silbenzahl des Originals beizubehalten verstand.) Seltener ist bei Übersetzungen und Nachdichtungen Silbenmangel anzutreffen. In der Rigaer Kirchenordnung des ausgehenden 16. Jahrhunderts heißt der dem lateinischen Vers „*Credendum est magis soli*" der gleichen Sequenz entsprechende niederdeutsche Text: „*Frylik schal men mehr glöven*" (cf. Hb. 114).

Die einzige Sequenzübersetzung im Repertoire der deutschen Antiphonarien, die der gelegentlich in Hymnaren aufgezeichneten und sogar gedruckten Sequenz „*Cantemus cuncti melodum*" (Cat. rais. Hymnus Nr. 7; Nachweis eines frühen Druckes s. l. et a. bei E. Refardt, SJb 1 [1924] 132 f.) unterscheidet sich nicht grundsätzlich von den späteren protestantischen Übersetzungen, wohl aber von denen des Mönchs von Salzburg, der meist, wie auch der Übersetzer des „*Lauda sion salvatorem*" (cf. ZfdA 87 [1956] 152 f.) von neueren, also gleichstrophigen und gereimten Vorlagen ausging, und, gleich den Übersetzern der Sequenz

„Ave praeclara maris stella" (cf. Pfleger, *Untersuchungen...* , 1937, 62ff.), danach strebte, die Sequenzen in leichförmige Cantionen umzudichten. Im Bereich der Sequenz zeigt sich also der gleiche Gegensatz der Übersetzungstendenzen wie bei den Hymnen: bei den in Cantionalien überlieferten Übersetzungen (und nicht selten auch der lateinischen Originale) sowie bei denen des Mönchs von Salzburg, eine Annäherung an die der Sequenz entsprechende und historisch aus ihr abzuleitende Form der Cantio, der jüngeren Leichform, bei der Übersetzung der Handschrift W, ein (bewußter?) Verzicht auf jegliche Annäherung an eine Liedform. Das Übersetzungsverfahren des anonymen Übersetzers des deutschen Antiphonars entspricht also durchaus dem der frühen Protestanten (Müntzer), während Weiße und die Böhmischen Brüder – sie lebten ja im Zentrum der Cantiopflege, in Böhmen – ihre Übersetzungen, besser: ihre Nachdichtungen, den leichartigen Cantionen annäherten.

Bei dem folgenden Abdruck der Übersetzung aus der Handschrift W habe ich die Parallelstrophen untereinandergesetzt und überschüssige Töne durch (–) im Text gekennzeichnet. In der Quelle ist, wie bei den Hymnen, der ganze Text mit Noten versehen.

W fol. 175' So man den alleluia nyder legt. ymnus

1. Nv sing wir al-le den sues-sen sanck. alleluia.

2a. In den lo-ben des e-wi-gen kü-ni-ges das volck ent — sprin-
2b. (—) Den noch die hi-me-li-schen cho-re (—) sin-gent in die höch

ge al-le-lu-ia.
das al-le-lu-ia.

3a. Der se-li-gen sin-gen durch die pa-ra-di-sisch wi-sen schul-
3b. Vnd auch der ge-stier-ne die schey-nun-den liech-te in-bi-lie-

len psal-lie-ren. al-le-lu-ia.
ren in die höch. al-le-lu-ia.

4a. Der ge-wül-ken lauff vnd der win-de flie-gen der ple-ki-czen
4b. Fluet vnd die was-ser re-genn vnd die tun-nen vn-ge-(—) wit-

hym-li-czen (—) vnd der do-ner ge-do-ne sew-senn mit-ein-an-der
ter vnd auch schönn hi-cze chel-ten sue reif-fen scha-chen vnd wal-de —

das suess al-le-lu-ia.
sin-gen al-le-lu-ia.

5a. Da hor der per-ge ho-chen schai-tel sew-senn al-le-lu-ia.
5b. Hört her der ta-len tief-fe schul-len sprin-gen al-le-lu-ia.

6a. Da auch des me-res ab-grund in-bi-lie-rund sprich al-le-lu-ia.
6b. Vnd auch der er-den swe-re (—) vn-mes-sig-chäit al-le-lu-ia.

7a. Nu al-les meusch-leichs ge-slech-te lob-und fro-lo-cke al-le-lu-ia.
7b. Vnd dem (—) schep-pher dan-ckung en-czy und sin-get mit al-le-lu-ia.

8a. Den-noch den day-gen na-men cze hö-ren e-wig-kleich hat wol-lu-ste
8b. Auch das (—) hy-me-li-sche ge-tich-te vol-lo-bet chri-stus sel-ber

al-le-lu-ia,
al-le-lu-ia.

9a. Nu ir o ge-sel-len sin-get gar frewn-de al-le-lu-ia,
9b. Vnd ir chyn-de-lein chlain ant-burt wy-der all-czeit al-le-lu-ia.

10a. Nu sin-get all mit-ein-an-der (—) alle-lu-ia dem her-(-)ren al-
10b Lob der dri-hal-ti-kait e-wi-gen al-le-lu-ia, al-le-lu-ia al-

le-lu-ia (— —) chri-sto dem hei-li-gen geist al-le-lu-ia,
le-lu-ia, al-le-lu-ia, al-le-lu-ia (—) al-le-lu-ia.

XXIII.

In der ZfdA 87 (1956) 153 ff. konnte ich den einzigen bisher bekannten deutschen Antiphontropus, der kein selbständiges, nur als Tropus eingefügtes Lied ist, publizieren. Leider ist die lateinische Vorlage dieses interessanten Gesanges, falls überhaupt eine vorhanden war, noch unbekannt. Der Responsoriumstropus der Handschrift M ist ein schönes Gegenstück zu diesem bisher ganz singulären Gesang. Wie W. Irtenkauf (AfMw 13 [1956] 138; cf. Th. Göllner, *Formen früher Mehrstimmigkeit* ... 1961, 28 f., der Irtenkauf zu übersehen scheint) feststellte, ist der Tropus *„Quem aethera et terra atque mare"* aus dem Melisma *„plenum gratia et veritate"* des Weihnachtsresponsoriums *„Verbum caro factum est"* (cf. LU 390 f.) melodisch abgeleitet. Hier sei der entsprechende Responsoriumsausschnitt nach der Handschrift M mit dem unterlegten lateinischen Text mitgeteilt.

Während der lateinische Tropus in den Parallelversen (1 = 2, 3 = 4, also AA BB C) silbengleich ist, ist die Übersetzung der Handschrift M ungebunden. In Vers 1 sind viele Noten, die in der lateinischen Vorlage jeweils auf eine Silbe entfielen, zu zwei-, drei- und fünftönigen Gruppen zusammengezogen, in Vers 2 dagegen sind sechs (!) Töne auf dem *„tenor"* hinzugefügt. Der Übersetzer hat dadurch den Liedcharakter des Tropus, seine *„Cantionenform"* (Irtenkauf) bis zur Unkenntlichkeit entstellt.

So zeigt sich bei der Übersetzung dieses Tropus erneut eindrücklich, daß der Bearbeiter der deutschen Antiphonarien auf liedhafte Entsprechungen nicht den geringsten Wert legte.

2. Der ligt vnd er-fült die kripp eins e-sell als ein kindt saugt er die priest vnd

herscht vnd regiert di hi-mell

3. Er ist ein pe-schaf-fer sei-ner mue-ter vnd doch hewt geporn von der

mue ter

4. Al-so hat er be-schaf-fenn die czeit vnd doch in der czeit ist er pe-

schaf-fen

5. Als er den hewt gepornn ist der welt den gabri-el ge-nant hatt

e-ma-nu-ell das ist got pey vns.

ANHANG

ANMERKUNGEN UND EXKURSE
(Zählung folgt den Anmerkungzahlen im Text)

1 (vgl. S. 36): Christoph von Frangepan entstammte der kroatischen Linie der Frangipani, deren Beziehung zur römischen noch ungeklärt ist. Das kroatische Geschlecht wurde von Andreas II. von Ungarn mit Modrus, d. i. ein kroatisch-slowenisches Komitat zwischen Adria, Istrien, Krain, Agram und Bosnien mit der Hauptstadt Fiume (= Modrus ?), das Stammsitz der Familie wurde, belehnt. 1260 bekamen die Frangipani Zengg (= Segna, im Kolophon der Breviervorrede einmal verdruckt als „Zeug") von Bela III. zum Lehen. Johann Frangipani, Graf zu Zengg, wurde 1368 in den großen Rat von Venedig aufgenommen und bekam von Venedig die Insel Veglia (= Krk, im Golf von Quarnero vor Kroatien) zum Lehen. Wegen Grausamkeit des Lehensträgers wurde die Insel aber 1480 wieder von Venedig besetzt; ebenso ging die Besitzung Zengg in den ungarischen Wirren am Ende des 15. Jahrhunderts wieder verloren (cf. H. Thode, *Der Ring des Frangipani*, 3. Aufl. 1901, bes. 20ff.).

Christoph von Frangepan war ein Sohn Bernhards, der mit seinen Brüdern eine ziemlich üble Rolle in der ungarischen Geschichte spielte (dauernde Versuche, die verlorengegangenen Besitzungen wiederzuerlangen; Krieg für und gegen Venedig; cf. I. A. Fessler, *Gesch. Ungarns*, 2. Aufl., 3, 1874, passim). Christoph von Frangepan wurde (spätestens) 1484 in Venedig geboren. Er verheiratete sich im Juni 1513 mit Apollonia, der Schwester des Kardinals Matthäus Lang von Wellenburg, der am Hof Maximilians I. in Augsburg eine bedeutende Rolle spielte. Er erhielt von Maximilian die Grafschaften Görz und Pixin als Hochzeitsgeschenk (cf. Thode 36; in dem von mir benutzten Brevierexemplar der Nürnberger Stadtbibliothek steht unter dem bei Thode 130 und H. Bohatta, *Liturgische Drucke und liturgische Drucker* o. J. [ca. 1926] Taf. 10 reproduzierten Bild fol. 15′ der ungezählten Blätter am Anfang: „*Dise Greuin ist des Ertzbischoffs zů Saltzburg, herr Matheus Langen Schwester gewesen, auß dem Geschlecht der Langen zů Aůgspůrg geboren".*)

Christoph von Frangepan wurde im Dezember 1509 Hauptmann im Krieg gegen Venedig und führte die kroatischen Söldner im Küstenland, nachdem er seine Truppen in Görz und Gradisca zusammengezogen hatte (cf. F. Berger, *Der Krieg Max I. mit Venedig*, Progr. Urfahr 1905, 45). Anfang Dezember 1513 nahm er Marano, das aber 1514 wieder verlorenging. Am 5. Juni 1514 wurde er von den Venezianern vor Gradisca gefangen (cf. *Breviervorrede*, Thode 57, H. Ulmann, *Kaiser Maximilian I.* 2, 499, mit besonderer Anspielung auf Christophs Grausamkeit, wozu man Thode 49 nachlese). Er erreichte am 9. Juni

Venedig, wo er in der Toresella (= Dorasel) im Palazzo festgehalten wurde. (Zur Gefangenschaft cf. G. Wenzel, *Frangepan Kristóf velenczei fogsága*, 1850 [mir unzugänglich]; die von Thode und Wenzel zur Grundlage ihrer Darstellung gewählten Tagebücher Sanutos sind indessen vollständig ediert, so daß die Zuverlässigkeit Thodes in Stichproben nachgeprüft werden konnte.) Entsprechend den Vereinbarungen des Friedensvertrags zwischen Maximilian und Venedig von 1518 wurde Christoph am 9. Januar 1519 entlassen, aber in Mailand wurde er von Franz I. abermals gefangengesetzt. Der neuerlichen Gefangenschaft vermochte er am 17. Oktober 1519 zu entfliehen, erreichte im Februar 1520 Augsburg und wurde nun kaiserlicher Feldherr von Kärnten und Krain. Als Feldherr Ludwigs II. von Ungarn zog er 1524 gegen die Türken, aber bald schloß er sich, wegen nicht erfüllter Forderungen, dem aufständischen Gegenkönig Johann Tapoleja an. In den folgenden inneren Kämpfen spielte er abermals eine bedeutende Rolle. Am 27. November 1527 ist er an einer am Vortage erlittenen Verwundung – vor Waraschdin an der Drau wurde er von einer Bombardenkugel getroffen – gestorben (cf. Thode 150, 155; sowie *Fontes rer. Austr.* I/1, 1855, 281).

2 (vgl. S. 40): Gehen die Plenarien grundsätzlich auf das Missale zurück, so enthält der *Hortulus animae*, das jüngste und verbreitetste Gebetbuch der Zeit unmittelbar vor der Reformation, sowohl Teile der Meßformulare – so im Sanctorale Introitus und Collecte (oder auch nur die Collecte) –, im ersten Teil aber umfangreiche Auszüge aus dem *Psalterium Breviarii* mit Antiphonen, Responsorien, Hymnen und Cantica, also Teile der Formulare für die gewöhnlichen Tage des Breviers. Ein Vergleich mit den älteren Gebetbüchern, etwa *Salus animae*, *Horologium devotionis* etc., ferner mit den *Livres d'heures*, müßte erhärten, inwieweit es sich bei dem *Hortulus* um eine selbständige Leistung der ersten Herausgeber handelt und ob die Herausgeber der ersten deutschen Ausgabe Vorlagen benutzten, etwa aus dem Bereich der Plenarien.

Leider ist der *Hortulus animae* bisher nur von kunsthistorischer und bibliographischer Seite, nicht aber von literarisch und liturgisch Interessierten untersucht (cf. F. Dörnhöffer, *Seelengärtlein . . .* , Erläuterungen zur Faksimileausgabe der Prachthandschrift, die den Text der verschollenen Straßburger Druckausgabe von 1510 überliefert, 1911; die deutsche *Hortulus*-Ausgabe von 1501 wurde sowohl von Ph. Wackernagel, *Das dt. Kirchenlied* 2, 1867 als auch von H. Vollmer, *Mat.* 6 und 7 herangezogen und Texte daraus publiziert; cf. ferner: H. Bohatta, *Bibliographie der Livres d'heures*, 2. Aufl. 1924, 72ff.).

Hier sei daran erinnert, daß der *Hortulus animae* zuerst in lateinischer Sprache veröffentlich wurde. Der erste lateinische Druck erschien 1498, der erste deutsche 1501, der für die späteren Ausgaben weitgehend maßgebliche deutsche Druck erschien 1502 – die Übersetzung stammt von Sebastian Brant oder wurde doch wenigstens unter seiner Mitarbeit hergestellt –, der erste niederdeutsche 1513. Später, 1547 bis 1581, erschien bei Georg Rhau eine protestantische Bearbeitung, in mindestens 10 Auflagen mit Holzschnitten von Lucas Cranach (cf. H. Zimmermann, *Lukas Cranach d. Ä. . . . und die Illustrationen des Rhau'schen Hortulus animae*, 1929).

F. X. Haimerl bespricht in seinem Buch *Mittelalterliche Frömmigkeit im Spiegel der Gebetbücher Süddeutschlands*, 1952 nach mehrfacher Erwähnung p. 123–148 den *Hortulus*. Leider gehört gerade dieser Abschnitt nicht zu den klarsten des Buches. Zunächst muß man bedauern, daß Haimerl nach dem Vorgang des ihm offenbar unbekannten M. Vogeleis, *Quellen und Bausteine zu einer Geschichte der Musik ... im Elsaß*, 1911, 155ff., Sebastian Brant schon zu den frühesten Ausgaben des *Hortulus* in Beziehung setzt. Die (richtige) bisherige Ansicht, die Dörnhöffers, war doch die, daß Brant erst seit 1502 an der Textgestaltung des Gebetbuches mitwirkte. Haimerl erwähnt diese Ansicht überhaupt nicht. Er beschreibt p. 123ff. die Druckausgabe in lateinischer Sprache von 1503, wofür man ihm dankbar sein muß. Mehrere spätere Ausgaben werden dann, unter Bevorzugung der von Dörnhöffer edierten deutschen, p. 138ff. besprochen. Hier konstatiert Haimerl dann (mit Recht) zahlreiche Varianten.

Indessen wird sich die ganze Angelegenheit wohl folgendermaßen verhalten: 1498 erschien der erste Druck des *Hortulus*, selbstverständlich in lateinischer Sprache (Hain 8936), 1500 der zweite (Hain 8937). (Beide Ausgaben sind in der Göttinger Bibliothek vorhanden und konnten von mir studiert werden.) Die erste, die weder Hain noch Haimerl gesehen haben, heißt einfach *Ortulus anime*, worauf sofort (auf fol. 1') das Kalendar beginnt. Das Kolophon lautet: *„Impressum per me Wilhelmum schaffener de Ropperßwiler .xiij. die Martij.: Anno dñi .M.CCCC. xcviij in inclita ciuitate Argentiñ.“.* In dem ganzen Buch wird weder Sebastian Brant noch Wimpheling irgendwo genannt. Leider fehlt dem Göttinger Exemplar der zweiten Ausgabe (Hain 8937) der erste Bogen, so daß ich bezüglich der Titelangaben auf Hain angewiesen bin. Schon aus dem Hainschen Titelabdruck geht hervor, daß bei dieser Ausgabe, die bei einem anderen Straßburger Drukker (Grüninger) erschien, eine Textredaktion vorliegt. Aber auch dieses Buch enthält keinen Hinweis auf die beiden Humanisten.

1501 erschien die erste deutsche Ausgabe des *Hortulus* (cf. Ph. Wackernagel, *Bibliogr. z. Gesch. d. dt. Kirchenlieds im 16. Jh.*, 1855, 11). (Der Druck *Der Seelen Wurzgart*, 1483 muß aus dem Spiel bleiben; außerhalb der bibliographischen Literatur finde ich ihn nirgends erwähnt, Haimerl behandelt ihn nicht, und ich konnte ihn nicht einsehen, also kann nicht ausgemacht werden, ob Beziehungen zum *Hortulus* vorhanden sind.)

1502 erschien die erste deutsche Ausgabe des *Hortulus* unter Mitwirkung von Brant und Wimpheling (cf. Dörnhöffer l. c.), 1503 die erste lateinische Ausgabe, an der die beiden Humanisten mitarbeiteten (cf. Wackernagel, Bibl. l. c. 12), oder besser: in der sie genannt sind. Vielleicht haben die beiden Humanisten auch schon an einer lateinischen Ausgabe vor 1503 mitgewirkt, doch läßt sich dies erst dann erweisen, wenn man Gelegenheit hat, alle Ausgaben einzusehen. Sicher war dies jedoch nicht vor 1501 der Fall, da sonst nicht einzusehen wäre, warum sie nicht auch an der ersten deutschsprachigen Ausgabe mitgewirkt haben sollten. Wie groß der Anteil Brants und Wimphelings an der Textgestaltung der entsprechenden Ausgaben ist, ist immer noch nicht festgestellt. Auf jeden Fall dürfte Haimerls Bezeichnung des *Hortulus* als *„Brants Gebetbuch“* mindestens irreführend sein.

Übrigens ist längst vor Dörnhöffer schon erkannt worden, daß die einzelnen Ausgaben des Gebetbuchs stark voneinander abweichen (z. B. von Hoffmann von Fallersleben, *Gesch. d. dt. Kirchenliedes*, 3. Aufl. 1861, 270). So sind etwa die von Wackernagel, *Das dt. Kirchenlied* 2, 1867, 875ff. gedruckten poetischen Hymnenübersetzungen in den späteren Ausgaben teilweise durch prosaische ersetzt. Wackernagel selbst hat schon (l. c. 888ff.) zur Ergänzung einen späteren Druck herangezogen, aber auch dessen Texte stimmen nicht mit denen der Edition Dörnhöffers überein. Die von mir benützte Ausgabe von 1519 geht dagegen weitgehend mit der Dörnhöffers zusammen. Festzustellen wäre nun: 1. Wie verhalten sich die Texte der lateinischen Ausgaben zueinander, 2. wie verhalten sich die deutschen Ausgaben zueinander, 3. entspricht die Veränderung des Repertoires an Gebeten und Gesangstexten innerhalb der deutschen Ausgaben der der lateinischen, d. h., wurden die deutschen Ausgaben nach der jeweils neuesten lateinischen durchkorrigiert oder haben sie sich seit 1501 resp. 1502 selbständig weiterentwickelt? So sehr Haimerl gerade die liturgische Ausrichtung namentlich der älteren Gebetbücher mit vollem Recht betont, so wenig interessiert sie ihn beim *Hortulus*. Und dabei ist doch ganz offensichtlich, in wie großem Umfang Missale (oder Plenar?) und Brevier Pate bei der Textzusammenstellung gestanden haben. Charakteristisch etwa ist, daß Haimerl stets die Bezeichnung Antiphon auch da beibehält, wo es sich in der Tat um Introiten handelt. Gerade in dem vom Missale abhängigen Teil des *Hortulus* erweist sich die Parallelität (oder Abhängigkeit?) des Gebetbuchs zum (vom) Plenar von 1488, Pietschs „*M*", einem Druck, der doch ebenfalls in Straßburg erschienen ist. Tatsächlich handelt es sich bei den betreffenden Gebeten um die Anfänge der jeweiligen Meßformulare, um Introitus(antiphon), (Psalm-) Versus und Collecte.

3 (vgl. S. 40): P. Pietsch, *Ewangely und Epistel Teutsch*, 1927, schreibt p. ix f.: „*Die gedruckten hochdeutschen Plenarien beruhen nach eigenem Zeugnis auf einem ,ganzen' (lateinischen) Meßbuch, aus dem man die Lesestücke herausnahm. Ebenso ist es mit manchen der handschriftlichen deutschen Plenarien bestellt. Es gibt aber auch solche, die nur Evangelien oder Episteln aufführen. Auch diese können unmittelbar aus sogen. Evangeliaren und Epistolaren (Lectionaren) übersetzt sein, die allein die Lesestücke, entweder sämtliche aus Evangelien oder sämtliche aus Episteln und anderen biblischen Büchern besonders des Alten Testaments, enthalten. Diese getrennten Lectionare kamen außer Brauch, als man dazu überging, ihren Inhalt mit den andern Teilen der Messe zu einem Vollmissale zu vereinigen.*" F. Maurer, *Studien zur mitteldt. Bibelübersetzung vor Luther*, 1929, 22ff. erhebt Einwände gegen Pietsch, doch reduziert sich die Meinungsverschiedenheit bei genauer Betrachtung aufs Terminologische. Maurer rechnet einfache Perikopenbücher ohne Glosen zu den Plenarien. Tatsächlich liefe eine derartige Terminologie, wollte man ihr allgemein folgen, teilweise auf Identifikation von Plenar und verdeutschtem Lectionar hinaus, während in der Tat doch jene erst aus diesen hervorgingen. Maurer hat fraglos recht mit der Feststellung, daß auch Plenarien direkt aus Evangelienhandschriften zusammengestellt wurden oder doch wenigstens werden konnten; dennoch dürfte aber die Entwicklung vom lateinischen „Plenarmissale" zum deutschen Lectionar

geführt haben und von da aus einerseits zum Plenar, anderseits zum deutschen Missale. An der Definition Pietschs, Plenar = „*Perikopen nebst denselben Glosen*", sollte unbedingt festgehalten werden. Die verdeutschten Lectionare sollten also weiterhin, nach dem Vorbild der gesamten älteren Literatur (etwa V. O. Mourek, *Krumauer altdeutsche Perikopen*, in: *Sitzungsber. d. böhm. Ges. d. Wiss., phil.-hist. Kl.* 1892, 176 ff.; M. Bisewski, *Die mhd. Übersetzung des Perikopenbuchs... in der Augsburger Hs.*, Diss. Greifswald 1908; P. Medorow, *Das mhd. Perikopenbuch im cgm 50*, Diss. Greifswald 1909; etc.), einfach als Perikopenbücher bezeichnet werden.

4 (vgl. S. 54): Zu den Arbeiten von Mehl und Wiechert seien hier einige Ergänzungen mitgeteilt.

Im Vesperformular des Müntzerschen Adventsamtes heißt es (Mehl 28): „*darnach singt man die gewöhnlichen Antiphonen*", womit wohl die gewöhnlichen Sonntagsantiphonen für die Vesper, also „*Dixit Dominus*", „*Magna opera*", „*Qui timet*", „*Sit nomen*" und „*Deus autem*", die Mehl p. 62 auch ganz richtig anführt, gemeint sind. Wahrscheinlich hatte Müntzer diese Antiphonen, die man bequem im AR p. 44 ff. findet, im Auge, aber Wiechert denkt hier (sicher irrtümlich) an die gewöhnlichen Antiphonen des 1. Advents, Antiphonen, die sowohl zu den Laudes als auch zu den Tageshoren und zur Vesper gesungen werden. Dasselbe Problem werfen die gewöhnlichen Antiphonen des Weihnachtsamtes auf. Wiechert führt irrtümlich die Antiphonen der zweiten Weihnachtsvesper an.

Der Müntzerschen Ostervesper ist ein nicht näher bezeichnetes Formular als Anhang beigefügt, das mancherlei Probleme bietet. Zwar gingen Mehl p. 52 f. und Wiechert p. 81 darauf ein, aber es gelang ihnen nicht, zu einer befriedigenden Erklärung dieses Formulars zu kommen. Unmittelbar an die das Vesperformular beschließende Magnificatantiphon „*Christus mußte also leiden*", die Übersetzung von „*Oportebat pati Christum*" (AMH 2, 374; AR 486; Pal. 12, 139), schließen sich folgende Gesänge an:

Ich hab gesehn das Wasser = Vidi aquam (als *Ant. ad Aspersionem Aquae benedictae:* LU 12; OMH 699; PM 10; Ant. Hartkeri = Pal. II/1, 231; Pal. 12, 222; sowie in jedem Rituale, z. B der *Agenda Constant.* 1570 fol. 125 [cf. A. Dold, *Die Konstanzer Ritualientexte...* , 1923, 149 und 169 Anm., ferner F. X. Haimerl, *Das Prozessionswesen...* , 1937, 138 und 141, wo diese Ant. auch als Prozessionsant. *ad font. bapt.* belegt wird], außerdem in A. Schott, *Das vollst. Röm. Meßbuch*, 5. Aufl. 1935, Anh. 5. Müntzers Text mit den Noten bei Mehl Anh. 35 [s. u.]).

Da der König des Preises = Cum rex gloriae (Pal. 12, 225; als *Ant. ad visit. sepulchri* nachgewiesen bei Haimerl l. c. 27; als *Ant. ad Asp. Aquae ben.* bei Dold l. c. 169 Anm. und Haimerl l. c. 139 und 141; als Ant. im Osterspiel bei Schuler Nr. 72. Müntzers Text und Noten im Hb. als Nr. 307, 219 [nicht bei Mehl]; eine ältere niederdeutsche Übersetzung bot ich in der ZfdA 87 [1956/57] 153 f.).

Sei gegrüßt du heilger Tag = Salve festa dies (Mon. 1008; Spangenberg, *Cant. eccl.* 1545, 74; als *Hymnus ad Asp. aqu. ben.* PM 62; Cant. 248; *Agenda Constant.*

174

1570 fol. 125′, cf. A. Dold l. c. 149 und 169 Anm.; im liturg. Spiel belegt durch Schuler Nr. 554).

Es saß der Engel bei dem Grab des Herrn=Sedit Angelus (Resp. resp. Ant., Pal. 12, 222; Pal. II/1, 233; P. Wagner im AfMw 6 [1924] 402, hier und bei F. Ludwig, AfMw 6, 245 weitere Nachweise; cf. ferner Schuler Nr. 564 und F. X. Haimerl l. c. 139 und 141).

Da im späteren Mittelalter nach der zweiten Ostervesper eine Prozession zum Taufbrunnen stattfand, wird man auch bei Müntzer zunächst eine Übersetzung des zu dieser Zeremonie gehörenden Formulars vermuten. Bekanntlich fanden aber zu dieser Zeit an Ostern mindestens drei Prozessionen statt. 1. Die Prozession zur *Visitatio sepulchri* in der Osternacht, heute nach dem Vorgang von C. Lange meist *„Osterfeier"* genannt – dieses Formular kommt als Vorlage für Müntzer nicht in Frage, wenn auch einzelne der von Müntzer verdeutschten Gesänge in verschiedenen Osterfeiern vorhanden sind (vgl. die ausführlichen Beschreibungen derartiger Formulare bei C. Lange, *Die lat. Osterfeiern*, 1887; bei F. A. Hoeynck, *Gesch. d. kirchl. Liturgie des Bisthums Augsburg*, 1889, 220ff. sowie bei B. Roth, *Die Seckauer und Vorauer Osterliturgie im Mittelalter*, 1935). – 2. Die Aspersionsprozession, die am Ostervormittag vor dem Hochamt abgehalten wurde, hat Müntzer als Vorlage gedient. Das *„Vidi aquam"* wurde (und wird auch heute noch) zur Zeremonie der Weihwasseraustellung gesungen; danach begann dann die Prozession, in deren Verlauf die anderen drei Gesänge vorgetragen wurden, und zwar an manchen Orten genau in der Reihenfolge des Müntzerschen Amtes, z. B. in Bamberg und Nürnberg (cf. Haimerl l. c. 138ff.) oder in Passau (cf. Brev. Pat. 1499 fol. 326f., wo es zum *„Salve festa dies"* heißt: *„Populus habeat vociferationes suas, ,Alleluia, alleluia‘ et alios cantus")*. – 3. Die vom Ostersonntag bis zum Samstag vor dem weißen Sonntag ausgeführte Vesperprozession *„ad fontem baptismatis"* enthält von den Gesängen Müntzers, d. h. deren Vorlagen, nur das *„Vidi aquam"*.

Der Zusammenhang der drei verschiedenen Riten, gewährleistet durch die Verwendung teilweise der gleichen Gesänge, legt den Gedanken nahe, daß Müntzer die Bedeutung aller drei Prozessionen in seinem Amt habe vereinigen wollen. Die Antiphon *„Sedit angelus"*, die vielfach auch als Responsorium bezeichnet ist, faßt das Geschehen der *Visitatio* zusammen, das Formular selbst entspricht dem der Vormittagsprozession und die liturgische Funktion ist die der Vesperprozession.

Rätselhaft scheint zunächst noch die Zitierung des *„Also heilig ist der Tag"* nach dem *„Sei gegrüßt"*. Da beide Lieder auf das *„Salve festa dies"* zurückgehen, aber musikalisch verschieden sind, muß angenommen werden, daß das Lied zuerst in Müntzers Übersetzung und Bearbeitung und dann in der älteren, als bekannt vorausgesetzten Fassung gesungen wurde. Diese ältere Fassung, die Müntzer leider nicht vollständig mitteilt – sie ist nicht identisch mit der von G. M. Dreves im KmJb 1889, 24f. (danach Bäumker 4, 499f.) mitgeteilten und in einer Trierer Handschrift mehrstimmig bearbeiteten Melodie (cf. R. Ewerhart, *Die Handschrift 322/1994 der Stadtbibliothek Trier...*, 1955, 21, mit Verkennung der liturgischen Funktion der Stücke) –, ist noch immer nicht aufgefunden worden. Wahrscheinlich sang das Volk am Ende der Müntzerschen Bearbei-

tung, vielleicht auch nach jeder „Strophe", die alte einstrophige deutsche
Bearbeitung, ganz so, wie es das Seckauer Formular von 1345 (cf. Roth l. c. 34)
vorschreibt. (Die Melodie Müntzers entspricht durchaus der C. Spangenbergs,
Cant. eccl. 1545, 74, geht also wohl auf die gleiche, wohl norddeutsche Fassung
zurück, während PM und Cant. stärkere Varianten erkennen lassen.)˙
[Das Formular ist vollständig ediert in der kritischen Gesamtausgabe der
Schriften und Briefe Müntzers (hg. von Günther Franz, 1968, 126–133).]

5 (vgl. S. 55): Die Datierung des im Hb. p. 543 als Quelle Nr. 72 (= Martens,
Die Erfurter dt. Messen 1525–1543, in: *Mitth. d. Ver. f. d. Gesch. u. Alterthumskunde v. Erfurt* 18 [1896] 95, Nr. 6 = Luther, WA 35, 371, „n") behandelten
„*Deutsch kirchen ampt*", Erfurt o. J. ist strittig. M. von Hase datiert es im Hb.
l. c. auf 1550, im *Gutenberg-Jb.* 1955, 148 auf „*um 1550*". Es handelt sich bei
diesem Druck aber keinesfalls, wie im Hb. behauptet wird, um einen Nachdruck
der Erfurter Kirchenämter von 1541 und 1543 (Hb. Qu. Nr. 44 und 53). Alle drei
Ausgaben wurden von dem gleichen Drucker gedruckt, „*durch Merten von
Dolgen*". Sowohl J. Braun, *Gesch. der Buchdrucker... Erfurts...*, in: *Archiv f.
d. Gesch. d. Buchhandel* 10 (1886) 59–116, bes. 92ff. und 111, als auch M. von
Hase, *Gutenberg-Jb.* 1955, weisen nach, daß die Angabe der Drucklokalität,
„*gedruckt zu den drey gülden Kronen bey St. Jürgen*", auf die Spätzeit der
Drucktätigkeit schließen lasse, also frühestens um 1550, während Ph. Wacker-
nagel, *Bibliogr.* 158, und ihm folgend auch Lucke (Luther, WA 35 l. c.) den
Druck aus inhaltlichen Gründen auf den Anfang der vierziger Jahre, ja noch vor
den Druck von 1541 datieren. Dieser Annahme schloß sich auch Martens l. c. an.
Das *Kirchenamt* von 1543 (Hb. Qu. 53 = Martens Nr. 8) gilt als unveränder-
ter Abdruck der Ausgabe von 1541 (Hb. Qu. 44 = Martens Nr. 7 = WA 35, 371f.,
„*o*"), dieses wiederum als erweiterte Neuausgabe des Druckes von 1526 (Hb.
Qu. 11 = Martens Nr. 3 = Smend 95, Nr. 6). Die wahrscheinlich damit identische
Ausgabe von 1526 (Martens Nr. 2) bleibt im Hb. unberücksichtigt, scheint aber
mit der herangezogenen Ausgabe desselben Jahres inhaltlich identisch zu sein.
(Die von Smend p. 95 Nr. 5 bibliographisch ermittelten *Verdeutschten Festin-
troitus...* von 1525 werden im Hb. nicht erwähnt und waren nicht aufzutrei-
ben.) Die Erfurter Ausgaben von 1526 gelten als erweiterte Neuausgaben des
(2.) Druckes von 1525 (Hb. Qu. 5, fehlt bei Martens), der seinerseits wieder eine
erweiterte Fassung des 1. Druckes von 1525 (Hb. Qu. 4 = Martens Nr. 1) ist. Alle
genannten Ausgaben gehen aber letzten Endes auf Thomas Müntzers *Deutsche
Messe* von 1524 (Hb. Qu. 2 = Smend 94, Nr. 2) zurück.
Nun stimmt aber der Bestand des Druckes Hb. Qu. 72 in den Meßformularen fast vollständig mit dem des 2. Druckes von 1525 (Hb. Qu. 5) überein. Das
erstmalig 1526 aufgenommene Formular „*von der Zusagung Gottes*", das wohl
aus dem alten Formular für die *Visitatio B. M. V.* abgeleitet ist, ist darin nicht
enthalten (cf. Martens 128). Der gegenteilige Hinweis im Hb. p. 586 gelegentlich
des Introitus „*Das Heil meines Volks*" (Hb. Nr. 129, 92) ist falsch. Ebenso irrig
ist die Angabe im Hb. p. 584 bei Gelegenheit der beiden Passionsintroiten, der
Druck Hb. Qu. 72 enthalte sie beide. Er enthält einzig den Müntzerschen
Introitus „*Im Namen Jesu*" (Hb. Nr. 115, 79), nicht aber den erstmalig im
Druck von 1526 (Hb. Qu. 11) auftretenden „*Wir sollen allzeit berühmen im*

Kreuze" (Hb. Nr. 116, 80). Damit dürfte nachgewiesen sein, daß der Druck ohne Jahresangabe (Hb. Qu. 72) teilweise direkt auf den zweiten Druck von 1525 (Hb. Qu. 5) zurückgeht. Frühere Quellen sind ausgeschlossen, da in Hb. Qu. 72 die in Hb. Qu. 5 erstmalig erscheinenden Formulare *„von der Auffahrt Christi"*, *„von der heiligen Dreifaltigkeit"* und *„vom hochwürdigen Sakrament"* vorhanden sind.

Aber es handelt sich bei dem Druck ohne Jahresangabe auch nicht um einen einfachen Nachdruck der zweiten Ausgabe von 1525. Es sind nämlich in dem Druck Hb. Qu. 72 auch Teile jüngeren Ursprungs vorhanden; so ist z. B. im *Adventsamt* die Fassung der Einsetzungsworte nach Luthers *Deutscher Messe* von 1526 eingefügt (cf. Martens 129ff.). In datierten Erfurter liturgischen Drucken erscheint die Fassung Luthers erstmalig in der Ausgabe von 1541 (Hb. Qu. 44, cf. Nr. 399, p. 315 und 629). Die Müntzersche Fassung ist damit zunächst zurückgedrängt. Das *Te Deum* in der Müntzerschen Version (Hb. Nr. 502, 396) fehlt noch in den Erfurter Kirchenämtern von 1525 und 1526, findet sich aber (erstmalig) im dem Druck *Te Deum* von 1525 (Hb. Qu. 6) und im *Kirchenamt* von 1541 (Hb. Qu. Nr. 44). Übrigens ist der zuletzt genannte Druck der erste mit Jahresangabe, der auch Formulare für die Metten und die Vespern enthält. Daher haben die Druckausgaben von 1541 (Hb. Qu. Nr. 44), von 1543 (Hb. Qu. Nr. 53) und das ohne Jahresangabe (Hb. Qu. Nr. 72) die Nummern Hb. 244, 276–278, 484 und 502, die eben zu den Formularen für diese Nebengottesdienste gehören, gemeinsam. Das am Ende dem Druck Hb. Qu. Nr. 72 beigefügte Lied Luthers, *„Vater unser im Himmelreich"*, vollends ist erst seit 1539, dem Gesangbuch Valten Schumanns (cf. Wackernagel, *Das dt. Kirchenlied* 3, 24; Luther, WA 35, 527, ferner 325 und 270–281 sowie 312) nachweisbar. Das Lied *„Verleih uns Frieden gnädiglich"* (Hb. Nr. 333, 244) ist in Erfurt durch das Gesangbuch von 1531 (Hb. Qu. Nr. 24) eingeführt worden, findet sich dann aber in allen drei Kirchenämtern des Merten von Dolgen.

Die außerordentliche Verwandtschaft der drei Drucke dieser Druckerei ist offenbar. Der Druck ohne Jahresangabe kann unmöglich, das haben diese Ausführungen wohl gezeigt, ein einfacher Nachdruck der beiden datierten Drucke sein, da einige Teile, die seit 1526 zum festen Bestand der Liturgie gehören, nicht vorhanden sind. Schließlich sei noch betont, daß der Inhalt des fraglichen Druckes in denkbar größtem Gegensatz zu dem des Erfurter Gesangbuchs von 1550 (Hb. Qu. Nr. 71) steht. Entweder sollen diese beiden Drucke sich ergänzen, oder es bleibt nur die Vermutung, daß die Liturgie in den Kirchen Erfurts nicht einheitlich war.

6 (vgl. S. 56): Die Handschrift Göttingen theol. 222, die Wilhelm Meyer im 2. Band des Handschriftenkatalogs beschrieb (1893, 434), enthält eine Art *Liber Usualis* und einen Liederanhang. Da diese Papierhandschrift sich heute in ganz trostlosem Zustand befindet – viele Seiten sind, namentlich bei den wertlosen Initialen, aneinander festgeklebt und durch unbedachtes Öffnen des Buches stark beschädigt –, kann sie kaum richtig benutzt und ausgewertet werden. Die Handschrift wurde im zweiten Jahrzehnt des 17. Jahrhunderts, um 1613, geschrieben. Ihr sehr gemischter Inhalt läßt es zweifelhaft erscheinen, ob sie für den katholischen oder für den protestantischen Gottesdienst geschrieben wurde

oder ob sie eine private Sammlung darstellt. Der Hauptteil enthält bisweilen Gesänge für die Nocturnen und die kleinen Horen, aber kaum je vollständige Formulare. Selbst die Meßformulare sind unvollständig. Aber die Handschrift enthält auch Gesänge, die im protestantischen Gottesdienst keine Verwendung finden konnten, z. B. Offertorien und sogar ein Fronleichnamsformular. Daneben stehen dann aber die Lieder Luthers – sein Name wird auch genannt – und Müntzers *Te Deum*. Erst wenn die Handschrift restauriert wird, was ich schon vor vielen Jahren empfahl, wird sich ein endgültiges Urteil bilden lassen.

7 (vgl. S. 150): C. A. Moberg hat in dem ersten und einzigen Band seines Werkes *Die liturgischen Hymnen in Schweden*, 1947, col. 179a auf einen mensural aufgezeichneten Hymnus in dem Augsburgischen clm 4307 verwiesen. (Das rhythmische Schema teilte B. Stäblein in den Mon. p. 510 mit.) Wenige Jahre später hat Stäblein im Kb Utrecht 1952, 377 ff. dann noch wichtigere Dokumente bekanntgemacht, die eine Vorstellung zu vermitteln mögen, wie man in einem kulturell hochstehenden Kloster des 15. Jahrhunderts, der Benediktinerabtei Tegernsee, Hymnen rhythmisierte. Im clm 19558 fand Stäblein eine Hymnensammlung, die in mensurierter Choralnotenschrift aufgezeichnet ist. Es handelt sich dabei um eine gotische Notation, die als Einzelnote fast nur noch das Punctum kennt. Soll der Wert dieses Punctum verdoppelt werden, so wird hier nicht, wie sonst üblich, ein Bipunctum geschrieben, sondern an der rechten Ecke der Raute ein kleiner (roter) Strich angebracht, wahrscheinlich eine reduzierte Form der zweiten Punktnote. Analog wird bei allen anderen Notenzeichen verfahren. Diese Mensurationsmethode ist, wie man aus den Faksimilia Stäbleins (l. c. vor p. 377 und Mon. Abb. 6) erkennen kann, ebenso einfach wie sinnfällig.

Diese Art der mensurierten Choralnotenschrift ist, sinngemäß auf Quadratnotenschrift übertragen und untermischt mit anderen mensuralen und nichtmensuralen Notationsarten, auch im clm 4301 und dem Codex 49a der Augsburger Stadtbibliothek nachweisbar. (Über die herrliche Ausstattung dieser beiden aus St. Ulrich und Afra in Augsburg stammenden Folianten cf. die Tafeln in *Augusta 955–1955*, ed. H. Rinn, Taf. 38/39 und die Abb. im *Fischer-Lexikon* 5, 1957, 251.) Von diesen bisher von der Hymnologie unbeachteten Handschriften sei jedoch hier abgesehen. Ich werde alle diese Dokumente (nebst vielen anderen) in einer seit langem vorbereiteten Abhandlung über die Rhythmik der spätmittelalterlichen Monodie ausführlich behandeln. Da jedoch die Ansicht Stäbleins, es handle sich bei der Tegernseer Notation um eine Fixierung eines *„primitiv-vitalen Vortrags"* (Kb l. c. 379) nicht annehmbar ist – ihr widerspricht schon allein die Tatsache, daß diese Rhythmisierungen in repräsentativen Prachthandschriften aufgezeichnet wurden –, sei hier wenigstens eine mensurale Fassung eines Hymnus besprochen.

Stäblein teilt von dem Hymnus *„Aures ad nostras"* (Ah 51, Nr. 61, 61), von dem seine Untersuchungen ausgehen, auch noch eine mensurale Notierung einer aus Salzburg stammenden Handschrift, dem clm 15955, mit, dessen Notation aber, im Gegensatz zur Ansicht Stäbleins, nicht mit der aus Tegernsee identisch ist. Freilich sind die Varianten nicht weiter bedeutungsvoll, aber sie lassen doch Zweifel an der Zuverlässigkeit derartiger Überlieferungen aufkommen. Dabei ist die Möglichkeit, daß sich ein mittelalterlicher Schreiber in der Mensuralnotation, vor allem deren Ligaturenschreibung, nicht richtig auskannte, weit größer als eine Unkenntnis der mensurierten Choralnotenschrift. (Daß man in Salzburg gelegentlich bekannte Melodien falsch rhythmisierte, zeigt auch eine Handschrift, die in der nächsten Anmerkung besprochen wird.) Der Hymnus „*Aures ad nostras*" ist spätestens im 10. Jahrhundert, wahrscheinlich in Italien, entstanden. Er folgt dem Sapphischen Maß und findet in dem berühmten Johanneshymnus „*Ut queant laxis*" des Paulus Diakonus eine Parallele (cf. Bernoulli 181). Die nicht ganz identischen Rhythmisierungen der beiden Handschriften bezeugen indessen keinen „*primitiv-vitalen Vortrag*". Faßt man den sapphischen Elfsilbler rhythmisch auf, so ergibt sich – wie Wilh. Meyer, *Ges. Abh.* 1, 216 ff. darlegte – die rhythmische Form des katalektischen jambischen Trimeters: ́. ́. ́. | ́. ́. ́.; die wichtigste Veränderung ist also die Schwerpunktverlagerung. Musikalisch gesprochen wird der Anfang der ersten Halbzeile von einem Niedertakt in einen Auftakt verwandelt, die zweite von einem (doppelten) Auftakt in einen Niedertakt. Musikalisch ergibt dies die wenig befriedigende, aber immerhin mögliche Lösung in der Form eines Fünftakters. Wenn man sich vergegenwärtig, daß sich das Viertaktprinzip, dessen grundsätzliche Bedeutung zuerst Hugo Riemann erkannte – er ging allerdings in der praktischen Anwendung viel zu weit –, damals in vielen Lied- und Tanzformen zu großer Bedeutung gekommen war, so wird man nicht erstaunt sein zu sehen, daß der sapphische Elfsilbler, gleichgültig ob metrisch oder rhythmisch aufgefaßt, als Viertakter musikalisch eingekleidet wird. Ausgehend von der gemessenen Gestalt ergibt sich unter dem Einfluß der zum Viertakter neigenden musikalischen Metrik:

ausgehend von der rhythmisch aufgefaßten Gestalt:

Schreibt man die möglichen und die überlieferten Rhythmisierungen des ersten Verses untereinander:

so kann man leicht sehen, daß die Tegernseer Fassung durch Vergrößerung der Melismen aus der auftaktigen rhythmischen Gestalt abgeleitet ist und ferner, daß sich der Schreiber des clm 15955 in der Mensuralnotation nicht auskannte. Fügt man der Übersicht die Verse 2 und 3 bei, so zeigt sich, daß sie, wiederum mit Vergrößerung der Melismen, aus der (deutschen) niedertaktigen rhythmischen Version abgeleitet sind.

Diese Vergrößerungen der Melismen bewirken keinen Rückfall in die glücklich überwundene Fünftaktigkeit, sondern erweitern den Viertakter. Je nachdem, an welcher Stelle Melismen vorhanden sind, wird das zugrunde liegende Schema modifiziert. So heißt es etwa in einer mehrstimmigen Komposition des humanistischen Sebaldushymnus, den R. Gerber (Mf 2 [1949] Beilage) edierte – leider setzte er keine Taktstriche, sondern nur die bedeutungslosen Mensurstriche:

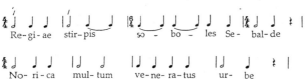

Die Taktgliederung wird dabei auch durch die harmonische Konstruktion des mehrstimmigen Tonsatzes bestätigt. Hymnenvertonungen, die das Grundschema an keiner Stelle erweitern, sind selten und musikalisch von geringem Wert, wie etwa der zweistimmige Satz von *„Iste confessor"* in der Berliner Handschrift Germ. Oct. 190 fol. 29f.

Der Rhythmus ♩ ♩♩|♩ ♩ ‖♩♩♩♩|♩ ♩ zeigt in der freien Zahl der Senkungen deutlich den Einfluß des deutschen rhythmischen Systems (cf. W. Meyer, *Ges. Abh.* 3, 42ff.). Die betonte kurze Silbe am Beginn der zweiten Halbzeile bewirkt einen tänzerischen Rhythmus, der den Hymnus der Cantio annähert. Das Ziel all dieser Bestrebungen war die Verwirklichung der musikalischen Entsprechung der metrisch verschiedenen Halbsätze. Daß man dabei auf eine rhythmische Pointierung innerhalb des geraden Taktes erpicht war, mag ein charakteristisches Beispiel erläutern:

Jede Strophe der bekannten Sequenz *„Lauda Sion, salvatorem"* besteht bekanntlich aus sechs, acht oder auch zehn trochäischen Dimetern, deren jeder einzelne sich bequem musikalisch realisieren läßt: ♩ ♩♩ ♩|♩ ♩ ♩ ♩ (katal.), oder: ♩ ♩ ♩ ♩|♩ ♩ ♩. (akatal.). Im späten Mittelalter haben sich die Strophen 10 und 11 verselbständigt und in eine Cantio verwandelt (Chev. 5157). Um einen regelmäßigen Strophenbau zu erzielen, wurde die Anordnung der Halbstrophen verändert: Aus der Folge 10a, 10b, 11a, 11b (= 19, 20, 21, 22) wurde 10a, 11b, 10b, 11a (= 19, 22, 20, 21), das heißt, aus einem Sequenzausschnitt ein Miniaturleich, mithin aus dem musikalischen Schema AA BB nun AB AB. Die Ungleichartigkeit des Strophenbaus – die Halbstrophe von 10 umfaßt vier, die von 11 fünf Verse – wurde dadurch ausgeglichen, daß man den vierzeiligen Halbstrophen eine melismatische Distinction voransetzte und so Distinctionsgleichheit erreichte. Da man nun in der neuen Cantio den Gegensatz von katalektischen und akatalektischen Versen tilgen wollte, wählte man geraden statt den sich anbietenden ungeraden Takt für die neue Melodie, die ich der Handschrift Erlangen 464 fol. 73′ entnehme.

non mit-ten-dus ca - ni-bus.

Tu qui cuncta scis et va - les,

qui nos pas - cis hic morta - les,

tu nos i - bi commensa - les,

co - he - re - des et so - da - les

fac sanc-to-rum ci - vi - um.

Für die These von der Vorherrschaft des musikalischen Rhythmus zeugt auch das in der Tegernseer Handschrift korrekt überlieferte liturgische Lied „*Conditor alme siderum*", das den Einfluß von Seiten der Cantio erweist. Der jambische Rhythmus trägt über Stock und Stein. Die Unregelmäßigkeiten der Textgestalt, die erst die humanistisch gesinnten Reformer des 16. Jahrhunderts beseitigten, werden nicht berücksichtigt, und so entstehen Akzentuierungen wie „*Condítor álme síderúm*", die, wie schon W. Meyer, *Ges. Abh.* 1, 183 erkannte, als Musterbeispiele falscher Betonung angesprochen werden dürfen. Wieso in der Tegernseer Sammlung von 27 Hymnenmelodien zwei mensural nach der Art einer Cantio aufgezeichnet wurden – die oben genannten Augsburgischen Sammlungen bieten diese Hymnen ohne Mensurierung –, ist kaum mehr festzustellen. Wahrscheinlich diente überhaupt die ganze Hymnensammlung nicht der Verwendung in der Liturgie. Schließlich weiß man ja, daß Hymnen gelegentlich auch zu höchst ungeistlichen Zwecken gebraucht wurden. So heißt es einer Predigt, die um 1450 vor Nürnberger Nonnen gehalten wurde: „*Do komen studenten in ein frawencloster, da machten sie den schönpößten tanz mit ungeistlichem swantz, und vier singerin kunden so meisterlich den hymnum Quem terra, pontus, aethera zum tanz singen, daz ez wunder was in arg*" (cgm 750, zit. nach J. A. Schmeller, *Bayer. Wörterbuch*, 2. Aufl. 2, 1877, 641).

8 (vgl. S. 151): Wie bekannt, wurden nicht nur Hymnen und Sequenzen in deutsche Kirchenlieder umgedichtet, sondern auch Antiphonen. In einer kleinen Studie (Jb f. Hymn. 2 [1956] 98ff.) habe ich eine kleine Sammlung solcher

Lieder (im clm 6034) besprochen. Zufällig fand ich – jene Studie war schon gedruckt, aber noch nicht ausgeliefert – weitere Quellen, die in diesen Zusammenhang gehören. In der Bibliothek der Erzabtei St. Peter zu Salzburg wird unter der Signatur a II 9 eine bisher unbeachtete Papierhandschrift aus der zweiten Hälfte des 15. Jahrhunderts in 8° aufbewahrt. Sie enthält fol. 1 bis 9 die *„Regula Fratrum Minorum"*, fol. 9' bis 12 ein deutsches Sündenbekenntnis (Inc.: *„Ich gib mich schuldig, das ich mich hab an den czehn̄ potn̄ vnß herrn ih'u xp̄i . . . "*); fol. 12' ist leer, fol. 13 bis 19 steht ein lateinischer Text, den ich mit den in der Erzabtei verfügbaren Hilfsmitteln nicht identifizieren konnte, fol. 19' bis 23' folgen deutsche Lieder in schwarzer Mensuralnotation; fol. 24 ist wiederum leer und fol. 73 bis 140 ist die Regel des hl. Hieronymus für die Jungfrauen eingetragen. Über die zwischen fol. 24' und 72 stehenden Texte kann ich nichts mehr mitteilen, da ich hierüber keine Aufzeichnungen gemacht habe. Hier interessiert nur das genannte kleine Liedcorpus. Es enthält:

fol. 19'–20: *„Veni sancte: Kvm heiliger geist"*
fol. 20'–21: *„Dye czehen pott: O suzzer vater herre got"*
fol. 21'–22': *„Salue regina: Fraw von herczen"*
fol. 23–23': *„En mitten in vnsers lebens zeitt"*

Wie man sieht, stimmt das Repertoire dieser Handschrift mit dem des clm 6034 gut überein. Liedertexte und Melodien sind hier zwar nicht sorgfältiger, aber deutlicher aufgezeichnet, so daß sich doch manche Textbesserung ergibt. Die schon 1956 mitgeteilte Beobachtung, daß der clm 6034 weniger mit anderen Ebersberger Handschriften als mit österreichischen (Klosterneuburger) Quellen zusammengeht, findet hier ihre Bestätigung. Wahrscheinlich gehen beide Handschriften über nicht allzu viele Zwischenglieder auf eine gemeinsame österreichische Vorlage zurück. Die größte Differenz zwischen beiden Handschriften besteht in der Tatsache, daß das Lied *„Mitten in vnsers lebens zeit"* hier nur einstimmig erhalten ist.
  Die wichtigste Textbesserung, die der Salzburger Codex ermöglicht, betrifft die Textlegung in dem Lied *„Kvm heiliger geist"*. Im clm 6034 ist die Textlegung unklar (cf. das Faksimile im *Fischer-Lexikon* 5, 1957, 177). Bisher wurde stets (auch von mir) übertragen:

„der déin gelàubigèn hércz ṽnde sýn",

wobei jeder Hauptakzent (´) auf das erste Viertel, der Nebenakzent (`) auf das dritte Viertel eines imaginären C-Taktes entfällt. In der Salzburger Handschrift ist die Stelle ganz eindeutig aufgezeichnet:

„der déinèr geláubigèn hércz ṽnde sýn".

Damit ist die einzige anstößige Stelle, die einer konsequenten Notation im 4/4–Takt bisher im Weg stand, beseitigt.
  Der Notentext der Salzburger Handschrift enthält aber auch mehrere Fehler und verderbte Lesarten. Ich teile das Lied, sicher eines der schönsten aus der Zeit vor der Reformation, abermals mit, biete jetzt eine kritische Ausgabe der Melodie, den Text aber diplomatisch nach der Salzburger Handschrift.

"*Veni sancte spiritus*"

(clm 6034 = M; Cod. Salisb. S. Petrin. a II 9 = S. Überschrift in S nur „*Veni sancte*"; ♭-Vorzeichnung fehlt in M und S; Dist. 3: zur Textlegung von „*deiner gelaubigen*" s. o. im Haupttext; „*hercz*": S hat vielleicht lig. g͡f; Dist. 5: „*dein*" S: ♮; statt M „*durch*" d͡c, hat S „*du- rich*" d͡c - b [h, Longa = ♩], wodurch die Korrespondenz zur Dist. 1 zerstört wird; Dist. 6: S: „*An*" groß geschrieben; der Text von M, „*in ainem gelauben*", ist wohl besser; Dist. 7: S: „*aller*" zwei Semibreven und eine Minima [= ♩♩♪] b c b, verderbt, wodurch die Korrespondenz zu Distinction 3 zerstört wird; Dist. 8: „*er ge-[sungen]*", Notentext folgt hier S, M hat h͡e a͡g [sehr undeutlich und bisher stets falsch übertragen, cf. Faks. u. Übertragungen l. c.]; Dist. 9: 2. [„*Alle-] lu- [ia]*" hat S falsch e Longa; in M steht unter dem zweimaligen „*alleluia*", wohl zur Auswahl, „*Kyrieleyson, Christeleyson*".)

Das Lied geht inhaltlich auf die Antiphon „*Veni Sancte Spiritus*" zurück, die auch von protestantischen Übersetzern als Prosagesang umgearbeitet wurde (Hb. Nr. 323–328). W. Lipphardt irrt, wenn er behauptet, die lateinische Antiphon sei unbekannt (MGG 8, 1959/60, col. 793), sie steht vielmehr im AR p. 74. Die Melodie des mitgeteilten deutschen Liedes ist von der der Antiphon unabhängig.

Bei dem Lied „*O suzzer vater*" ist nur eine kleine Variante von Interesse. In der vierten Distinction bietet die Salzburger Handschrift auf das Wort „*lieb*" den Ton g statt a. Ich drucke hier den Text diplomatisch nach der Salzburger Handschrift ab, behalte aber nicht die orginale Zeileneinteilung bei.

Dye czehen pott

O suzzer vater herre got/
verleich das wir erchennen dy zehen pot
vnd dy mit word vnd werch(e)n allczeit laisten
in rechter lieb zu deiner gütt
so werd wir sälden reich

Das wir vor allen dingen dir/
erczaigen lieb in hercz(e)n von ganczer gir/
den nagst(e)n als vns selbs das sind dy maist(e)n
daz aus vill gar entspru(n)gen sind
dy zeh(e)n all geleich

O mensch gelaub in aine(n) gott/
vnd yn nicht eytel nen(n)e recht als in spot/
dy veir vasten halt gar ordenleich(e)n
in eren vater mueter hab
das pringt dir lebens frist.

An recht tödt nyemant noch beswär
mit diephait nichts gewi(n)ne noch mit geuär/
nicht vnkäusch aus der ee noch ledichleich(e)n/
kain falschen zeugnis red noch sag
das nicht warhait ist//

Des nagst(e)n gmähel nicht beger/
sein guet lass dir nicht lieben das ist dy ler/
dar nach wir sullen vnser leben cher(e)n
dy man noch kurczer nen(n)en mag/
vnd sind doch zeh(e)n taill

Der gelaub der gots nam veirtag/
der vater totter steler vnkeusch peiag/
der lugner eprech(er) frömds gutt weger(e)n
der maynu(n)g soltu frag(e)n nach
ob div wild werden haill

In der deutschen Liedfassung der Marienantiphon „*Salve Regina*" sind zwei bessere Lesarten des Salzburger Notentextes anzuführen. Zeile 3 des Abdrucks im Jb f. Hymn. 2, 102 heißt es (nach der Salzburger Handschrift) sowohl auf „*seind* (*du pist*)" als auch bei der Parallelstelle „*ihe*(*sum christ*)" g statt e – fraglos eine Verbesserung –, und im Schlußmelisma „(*Ma*)*ri*(*a*)" sind alle Noten als Viertel zu übertragen. Außerdem ist am Anfang der ersten Notenzeile ein ♭ vorgezeichnet, das wohl für das ganze Lied gelten soll. Der Text der Salzburger Handschrift lautet:

Salue regina

Fraw vo(n) herczen wir dich grussen
    kunigin der parmherczikait
Vnser leben vnser suezzen
    vnser trost der grues ist dir beraitt

Zw dir wir schreien ellende
    kinder frauen eue iamer quall
Zw dir wir seuften klagende/
    vnd waynu(n)d in dysem zaher ta(ll)

Eya darvmb seind du pist
    vnser vorsprechleich zuflucht
    dein parmherczig augen zw vns wende
Vnd den hailer ihesu(m) crist
    deines leibs gesengte frucht
    vns erczaig zu trost nach dem ellende

O du senfte
O du guetige
O du suezze Maria

Als älteste Quelle des Lieds „*En mitten in' des lebens zeit*" galt bisher die
zweistimmige Fassung des clm 6034, die wohl im späten 15. Jahrhundert
niedergeschrieben wurde. Die Salzburger Handschrift mag etwas älter sein,
bietet aber keine bemerkenswerten Varianten in der Melodieaufzeichnung, nur
einige bedeutungslose rhythmische Abweichungen. Das Lied hat in dieser
Quelle keine Überschrift.

Enmitten vnsers leben zeitt
sey wir mit tod vmb vangen
Wen suech wir der vns hilfe geit
vo(n) dem wir huld erlangen
den dich her allaine
der dw vmb vnser missetat
rechtleich(e)n czurne(n) tuest
heiliger herre got
heiliger starcker got
las vns nicht gewalten
des pittern todes pott.

Die Handschrift b IX 28 der Erzabtei St. Peter zu Salzburg ist nach Angabe
des handschriftlichen Katalogs von P. Augustin Jungwirth eine (bilderlose)
Biblia pauperum in 4°. Eine der letzten Eintragungen (fol. 129) lautet: „*sigis-
mundus gratia Archiepiscopus Salczeburgensis . . . anno domini 1456*". Auf fol.
128' bis 129 ist dieses Lied in so seltsamer Notierung eingetragen, daß ich hier
eine zeilengetreue diplomatische Abschrift mitteilen muß. Es handelt sich hier
um die älteste, bisher unbekannte Quelle dieses Liedes, aber keinesfalls um eine
Originalnotierung, sondern um eine bereits verderbte Abschrift.

fol. 128ᵛ   Anͭ. Media vite jn wlgari

En mit-ten in des le-bens czeit

fein wir mit tod vm-fan-gen

Wen fuch mir der vns hil-ffe

geit von dem mir huld er-

lan-gen wen dich herr a-lain-

ne Der du du-rich vn-fer mif-fe-tat

recht-li-chen czur-nen tu-est Hey-li-ger

her-re got Hey-li-ger ftark-cher

fol. 129

got Hey-li-ger parm-her-czi-ger

hay-ler e-bi-ger got Lazz

vns nicht ge-bal-ten des pit-tern

to-des pot.

Diese Aufzeichnung bietet manches Interessante. Grundstock der Notation ist die gotische Hufnagelschrift, die damals in Deutschland allgemein gebräuchlich war (cf. Zeile 2 und 5). Vorherrschend ist diese Notation hier freilich nicht mehr. Als Einzelnote ist, ganz wie in den deutschen Antiphonarien und zahlreichen Cantionalien dieser Zeit, die Virga durch das rhombische Punctum verdrängt, außerdem erscheinen verschiedene eigentümliche Figuren: Zunächst die aus der Quadratnotenschrift entlehnte Virga, die aber in so langgestreckter Form wiedergegeben ist, daß sie der Longa oder gar der Maxima der Mensuralnotenschrift gleicht, dann aber auch Mensurationsstriche an der rechten Seite der Rhomben, wie sie auch einmal in der oben behandelten Salzburger Handschrift in der 5. Distinction des Liedes „*Kvm heiliger geist*", erscheinen; schließlich wird auch das Punctum im Sinne des Cantus fractus in zwei Minimen gebrochen. An einer Stelle, fol. 129, Z. 2, erscheint sogar eine liqueszierende Note. Für die Einzelnote steht also folgender Formenschatz zur Verfügung: ◣, ◈, ◆, ♩, von dem man annehmen sollte, er entspräche den Verhältnissen 1:2:4:8. Das scheint aber nicht der Fall zu sein. Fest steht, daß sich die Werte ◆ : ♩ wie 1:2 verhalten. Daß die Mensurationsstriche hier die übliche Bedeutung haben, scheint zweifelhaft, außerdem ist die Beziehung von ◣ zu ◈ unklar. Unter diesen Umständen ist eine gesicherte rhythmische Übertragung dieses Notentextes nicht möglich.

Die Weise dieses deutschen Liedes ist, wie bereits P. Wagner im SJb 1 (1924) 37 ff. feststellte, mit der der bekannten Antiphon nicht identisch. Die Antiphonmelodie, die Wagner l.c. nach einer guten englischen Handschrift mitteilt, war auch in Salzburg bekannt, denn man findet sie in der ebenfalls im 15. Jahrhundert geschriebenen Handschrift St. Peter b II 25 fol. 181 ff. in der von Wagner mitgeteilten Gestalt. Die Varianten sind so unerheblich, daß hier auf eine Wiedergabe des Notentextes verzichtet werden kann.

Die Quellenlage all dieser Lieder läßt wohl vermuten, daß sie in Österreich entstanden sind.

9 (vgl. S. 162): Wichtiger als die Frage, ob diese oder jene Hymnenübersetzung aus dem 15. Jahrhundert für Gesangsvortrag bestimmt war, ist die nach der Sangbarkeit der beiden großen übersetzten, interlinear aufgezeichneten Hymnare aus Murbach (saec.viii, ed. E. Sievers, 1874, die lateinischen Texte in Ah 51, 1908, sowie neuerdings bei Bulst, 1956) und aus Millstatt (saec.xii, ed. N. Tönqvist, 1937). F. Gennrich vertrat in der ZfdA 82 (1948 ff.) 138 f. die Ansicht, daß die Murbacher Übersetzungen gesungen wurden. Da Gennrich aber von der falschen Voraussetzung ausging, „*daß es sich um außerliturgische Gesänge handelt*", ist die Frage erneut zu prüfen. Ich habe bereits gelegentlich Widerspruch geäußert, so im Kb Hamburg 1956, 225, aber W. Lipphardt folgt (MGG 8, 1959/60, col. 784) Gennrichs Ansicht und behauptet sogar, Gennrich habe nachgewiesen, „*daß die Beachtung des Hebigkeitsprinzips* [die Murbacher Hymnenübersetzungen] *für Gesangsvortrag bestimmte*". Von einem Nachweis Gennrichs kann indessen nicht die Rede sein. Ob der Übersetzer das Hebigkeitsprinzip beachtete – das kann hier doch nur so viel heißen, daß er die Längen des Originals durch Hebungen ersetzte, also den metrischen Text durch eine rhythmische Übersetzung ersetzte, oder, falls bereits die lateinischen Texte rhyth-

misch aufgefaßt wurden, diesen Rhythmus, mindestens aber die Zahl der Hebungen, konservierte –, das mögen Germanisten entscheiden. Mir scheint es –
cf. etwa xxiv, 6,2 oder 7,3 oder 8,4 – nicht der Fall zu sein. Die wörtliche
Interlinearversion (cf. G. Baeseckes *Lichtdrucke nach ahd. Handschriften*, 1926,
tab. 28, 31–33), deren Äußeres bereits zeigt, daß es sich überhaupt nicht um
einen zusammenhängenden, in sich abgeschlossenen, also literarisch selbständigen Text handelt, legt vielmehr nahe, daß diese Hymnenübersetzungen nicht
gesungen wurden. Gennrich selbst muß ja auch bei seinem Versuch, dem lateinischen Hymnus *„Ad cenam agni providi"* den althochdeutschen Text zu unterlegen, zu Bearbeitungsverfahren greifen, deren Anwendung in dieser Zeit, dem
8. Jahrhundert, erst noch zu beweisen wäre. Tonspaltung, Auflösung von
mehrtönigen Neumen, Einführung eines doppelten Auftaktes stellen immerhin
erhebliche Eingriffe dar, die man nicht ohne weiteres, zumal wenn auf Neumie-
rung verzichtet wurde, musikalisch realisieren konnte. Dabei erweist sich,
vergleicht man den ganzen Murbacher Bestand, dieser Hymnus noch als der
Melodie besonders bequem unterlegbar, denn es gibt Übersetzungen, die allein
in der Silbenzahl derart von der Vorlage abweichen, daß eine Anpassung der
Melodie an den neuen Text nur sehr schwer möglich sein dürfte (cf. I, 4,3 und
II, 1,4 etc.).

Analog verhält es sich mit dem Millstätter Hymnar des ausgehenden 12.
Jahrhunderts. Ich greife die Übersetzung von *„Beata nobis gaudia"* heraus und
setze die erste Strophe in beiden Versionen hierher (ed. Törnqvist Nr. 73, p. 48):

> Beata nobis gaudia
> anni reduxit orbita
> cum spiritus paraclitus
> refulsit in discipulos
>
> Saelige vns vrevde
> des iares hat wider braht vmberinc
> do geist trœstær
> erschein in die ivnger

Man vergleiche die Silbenzahl der Vorlage mit der der Interlinearübersetzung
und versuche einmal, den deutschen Text unter eine der beiden alten Melodien,
wie sie Ebel p. 104 mitteilt, zu unterlegen. Es geht überhaupt nicht...

VERZEICHNIS DER ZITIERTEN HANDSCHRIFTEN

Augsburg, Stadtbibliothek, 49 a, p. 177
Berlin, (ehem. Preußische) Staatsbibliothek, Germ. Oct. 190, p. 180
–, Germ. Fol. 706, p. 40
–, Germ. Q. 1845, p. 40
Colmar, Stadtbibliothek, 441, 442 (ed. Weinmann), p. 14, 97, 99–103, 105
Düsseldorf, Fragment ohne Sign., p 32
Einsiedeln, Stiftsbibliothek, 366 (472), (ed. Ebel), p. 10, 97–103, 105, 108
Erfurt, Amploniana, F 148, p. 40
Erlangen, UB, 464, p. 180f.
Göttingen, UB, theol. 214, p. 140
–, theol. 220, p. 93
–, theol. 222, p. 56, 176f.
–, theol. 224, p. 70ff., 76ff., 88f., 134f., 138f., 143
–, theol. 227, p. 159
Graz, UB, II. 756, p. 11, 174f.
Kassel, theol. 129, p. 90, 93ff., u. ö.
Leipzig, Thomasgraduale (ed. Wagner), p. 14, 81, 142
Mülhausen im Elsaß, Stadtbibliothek, Ms. 1, p. 31
München, Staatsbibliothek, cgm 50, p. 173
–, cgm 67, p. 23ff.
–, cgm 68, p. 23f., 26
–, cgm 363, p. 19, 26f.
–, cgm 715, p. 9 u. ö.
–, cgm 750, p. 181
–, cgm 858 (ed. Gillitzer), p. 10, 99f., 103, 105, 160ff.
–, cgm 1115, p. 9 u. ö.
–, clm 4301, p. 177
–, clm 4307, p. 177
–, clm 4423, p. 146
–, clm 6034, p. 13, 182–185
–, clm 15955, p. 177, 179
–, clm 19558, p. 177, 179
–, clm 20110, p. 146
München, UB, 2° 152 (=M), p. 5, 7, 20–25, 70–98, 100, 102–105, 111,
134–145, 151–155, 167f.
–, 8° 178, p. 111
Salzburg, Bibliothek der Erzabtei St. Peter, a II 9, p. 182–185
–, b I 21, p. 31
–, b II 4, p. 31
–, b II 25, p. 187
–, b IX 28, p. 185ff.